ちいさな会社と
フリーランスの人ための

どうする？
消費税インボイス

税理士 小島 孝子 著

はじめに

　2023（令和5）年10月1日より、消費税のインボイス制度がいよいよ始まります。

　この法律自体が制定されたのは、実は10年近く前のことになります。

　当時は、軽減税率制度の導入前であったこともあり、インボイス制度そのものについての関心は薄く、「そんな制度があったなんて知らなかった」と感じている方も多いのではないでしょうか。

　私は、5年以上前からすでにインボイス制度に関するセミナーを多数担当させていただく機会があり、多くの事業者の方の悩みや不安を聞かせていただきましたが、その際に感じたことは、インボイス制度に関する対策は、事業内容、事業規模、取引先との関係性などによって大きく異なり、単に一律の制度解説だけでは自身にとってどういう問題点が今後生じるのであろうかを理解することが困難であるということです。

　本書の企画を検討するにあたり、法律における細かな制度解説はこれまで、そして、これから発刊されるであろう多くの書籍に譲り、この書籍では制度の運用にあたり、具体的に私が伺ったさまざまなご相談について、どのように考えていくべきかを中心に解説していくこととしました。

　具体的なイメージがわきやすいように、相談者のモデルごとに、どういった悩みが出てくるのかを想定して解説しておりますので、きっと、自分に近いタイプの相談者が見つかるのではないでしょうか？

　制度開始まで残りあとわずか。

　森の愉快な仲間たちとともに、この本でインボイス制度を楽しく学んでいただけると幸いです。

2023年7月

税理士　小島　孝子

Contents

はじめに
プロローグ

第**5**章 インボイスで会社のDXを進めよう

～クマト社長と事務処理を簡単にする方法を考えよう～

ここは森の商店街にあるパン田税理士事務所。

税理士のパン田先生のもとには、毎日多くの森の住人たちが、相談にやってきます。

ここ、数か月、住人たちの話題はこれから始まる、インボイス制度のことばかり。

商店街でスーパーを営むしろうささんの関心は、

具体的な制度の内容はどうなの？

ベンチャー企業でバックオフィスを仕切るシバクロさんの悩みは

日々の経理処理をどうするの？

フリーランスのミケ川さんの悩みは

インボイスの登録ってしないとだめなんですか？

工務店の親方、サルシマ社長の関心は

うちの会社の利益はどうなっちゃうの？

コンサルタントのクマト社長の関心は

書類の整理をデータ化できないの？

せんせい、インボイスってどうしたらいいの？？

　インボイスに関する悩みごとは、ひとそれぞれ。いろいろな職業のひとのいろいろな悩みを聞いていきましょう。

インボイス制度は、事業者ごとに対応方法が違います。
5人の相談者の相談内容に近い内容を見つけて、解決していきましょう！

パン田(だ)先生
　森の商店街にある「パン田(だ)税理士事務所」の所長。
　今日も森の住人たちのインボイス制度の悩みに答えます。

第1章

インボイス制度ってなんだろう？

しろうさ商店のしろうささんとインボイス制度の基礎を理解しよう

この章で学ぶこと

- 消費税の基本的な仕組みを理解しよう。
- インボイス制度導入によって、消費税の計算がどう変わるのか確認しよう。
- 登録事業者の要件と義務を確認しよう。
- インボイスに書かなければならない内容を確認しよう。
- 制度導入までのスケジュールを理解しよう。

この章の相談者

しろうささん　株式会社しろうさ商店代表

> インボイスってみんなが噂しているんですが、どういう制度なんでしょうか？

【プロフィール】
- 株式会社しろうさ商店の代表。
- 森の商店街で農家から買付けた新鮮野菜の販売を中心に、食料品から生活雑貨までを販売するスーパーしろうさを経営。
- 現在、森の商店街以外に2店舗出店。
- 街の飲食店に新鮮野菜の卸売販売も行っている。

プロローグ　インボイスについて、そろそろ考えないと…

今月はこんな状況ですね。売上もだいぶ回復してきましたね。

ええ、飲食店の発注がコロナ禍の時短営業でだいぶ減ってしまったんですが、やっと元にもどりつつあります。
新規のお客さんも増えましたし、今期は頑張りたいですね。

そうですね。ところで、これから**インボイス制度**が始まるのですが、しろうさ商店さんもそろそろ準備を始めないといけないですね。

あ、それ、最近うちの商店街でも話題になってます。
なんだか大変そうですよね。うちは何をしたらいいんでしょうか？

インボイス自体は請求書に書くべき内容が法律で新たに決められたから、そのとおりの請求書が出せればいいだけなんですが、この制度の導入によって、商品の値段の付け方や仕入先との契約をどうするかといったお店の経営に関わることに影響が出てくるんです。

え？大変！
やっと売り上げも落ち着いてきたのに…

すぐに大きな影響が出るわけではないんですが、きちんと制度の中身を理解することが大切です。

1 インボイス制度によって何が変わるの？

2023年10月、いよいよはじまるインボイス制度

私たちにとって、いちばん身近な税金である消費税。

日々の買い物に直結する制度だけに、最も気になる税金です。

そんな消費税のルールが2023（令和5）年10月1日から少しだけ変わります。インボイス（適格請求書）制度の導入です。これによって、しろうささんたち事業者はどう変わっていくのでしょうか？

インボイス制度により、変わることは主に3つあります。

【インボイス制度で変わること】
① 請求書の書き方のルールが変わる！
② 申告を行うときの消費税の計算方法が変わる！
③ インボイスの発行事業者が登録制になる！

これだけなんですね。そんなに難しくなさそうですね。

いえいえ、そうでもないんです。順番に見ていきましょう。

Ⅰ インボイスは消費税に関する正確な情報を伝える手段

私たちは日々、さまざまな物を買ったり、サービスを受けたりします。こうした取引には、法律により、消費税を負担しなければならないことと

なっています。

　こうした消費税は、お店からもらう請求書や領収書で確認することができますが、請求書には消費税の金額がちゃんと書いてあるものもあれば、まったく書いていないものもあり、複雑です。

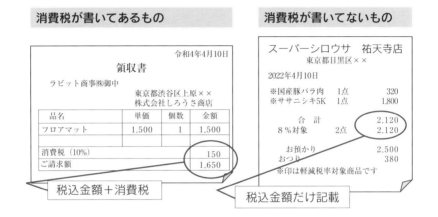

消費税が書いてあるもの

令和4年4月10日

領収書

ラビット商事㈱御中

東京都渋谷区上原××
株式会社しろうさ商店

品名	単価	個数	金額
フロアマット	1,500	1	1,500
消費税（10%）			150
ご請求額			1,650

税込金額＋消費税

消費税が書いてないもの

スーパーシロウサ　祐天寺店
東京都目黒区××

2022年4月10日

※国産豚バラ肉	1点	320
※ササニシキ5K	1点	1,800
合　計		2,120
8％対象	2点	2,120
お預かり		2,500
おつり		380

※印は軽減税率対象商品です

税込金額だけ記載

　これからは、誰もが正確な消費税の金額がわかるように、こうした**請求書や領収書の記載方法のルール**が厳密に決められることになったのです。こうした、**ルールに基づき作成された請求書や領収書**のことを**インボイス**といいます。

そうだったんですね、今まで気にしていませんでした。確かに、消費税が書いてないものもありますね。
でも、それって重要なんですか？

実は、請求書や領収書に消費税額が書いてあるかどうかが、今後は消費税の納税額に影響が出てしまうんです。
それが、2つ目の計算方法の話なんです。

Ⅱ 申告の計算には請求書の記載内容が重要

　消費税の申告における申告税額の計算は、**売上の消費税から仕入の消費税を引いて求めます**。これを「**仕入税額控除**」（詳しくは❷参照）といいますが、今までは仕入の消費税を求める際に参照する請求書や領収書には、消費税額の記載義務がなかったため、**もらった請求書などの受領額を税込みの金額として、割り戻して計算**することになっていたのです。

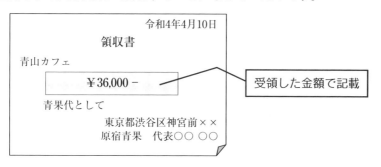

令和4年4月10日

領収書

青山カフェ

¥36,000 −

受領した金額で記載

青果代として

東京都渋谷区神宮前××
原宿青果　代表○○ ○○

【消費税額の計算】

（税抜価格）36,000 円×100/110＝32,727 円

（消費税額）32,727 円×10 ％＝3,273 円

36,000 円から
割戻し

どうして消費税額を書かなくてよかったんですか？

消費税が導入されたのは今から 30 年以上前なのですが、その当時はまだ**請求書や領収書を手書きで書いていた人が多い時代**だったんです。
消費税の制度もまだ知られていなかったので、請求書や領収書に消費税を計算して記載してもらうことは難しく、いままでどおりもらう金額の記載だけでいいですとしてしまったんです。

今はレジもあるし、手書きで計算して請求書を書くことも減っていますものね。

そうなんです。そのため、満を持してお互いがきちんとした税額のやり取りを把握できるシステムに変更するように仕組みを変えることとなったのです。

インボイス制度では、請求書や領収書に**正しい消費税額の記載をしなければならない**こととなりました。また、仕入税額控除を行う際も、**インボイスの要件を満たした請求書や領収書でないと控除の対象とできない**ものと改められました。

Ⅲ　インボイスで課税事業者が明確になる！

事業を行う事業者の中には、消費税の納税義務がない事業者もいます。これを「**免税事業者**」といいます。つまり、事業を行っていても消費税の申告を行う必要も納税を行う必要もない事業者ということです。これは、**主に売上の基準**で決められています。売上が少ない小規模な事業者は申告事務を負わせてしまうと大変なので、消費税の申告納税を行わなくていいこととなっているのです。

そういえばうちもお店を始めてすぐのころは免税事業者でしたね。申告をするようになってからは、整理することが多くなって帳簿をつけるのも大変になりました。

実は、請求書の記載問題を見送ってしまったことにより、**誰が消費税の納税義務者か、請求書上でわからなくなってしまった**んです。

請求書や領収書を発行した事業者が免税事業者であることは、もらった紙面上では判別できないため、これまでは、**すべて課税事業者からの仕入であるものとして控除額を計算**していました。

　これでは、適正な消費税額の計算ができません。これをわかるようにするために、**インボイスを発行できる事業者を課税事業者のみとし、これを登録制にすること**としたのです。

　これにより、仕入税額控除の計算も**登録事業者から受け取った請求書や領収書のみを控除の対象とすること**と改められたのです。

インボイス制度のイメージ

```
┌─────────────────────────────────────────────┐
│  ┌──────────────────┐  令和5年10月1日〜        │
│  │ インボイス制度の概要 │                        │
│  └──────────────────┘                        │
│        売上税額       インボイスにより、売手と買手の  仕入税額   │
│        10,000円       税率と税額の認識を一致させる   10,000円  │
│         (10%)                                  (10%)    │
│   売手                    インボイス              買手     │
│                           税10,000円                      │
│                            (10%)                          │
│  買手の求めに応じインボイスを交付      インボイスを保存して      │
│  ※ 事前にインボイス発行事業者の登録手続が必要  仕入税額控除を適用  │
│  ※ 課税事業者のみ発行が可能                                 │
└─────────────────────────────────────────────┘
```

（出典：国税庁「インボイス制度への事前準備のチェックシート」）

なるほど。これからは請求書を見たら相手が課税事業者かどうかが明確にわかるようになるんですね！

そうなんです。そのために、インボイスの登録事業者には、**登録番号**が割り振られ、消費税額の記載に加えて、その**番号を請求書に記載すること**が義務化されるんです！

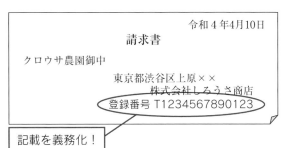

こうした、改正により消費税はよりわかりやすく正確な制度に変わっていきます。しかし、制度が変わることはさまざまな問題点も発生します。そのため、**こうした制度改正が事業にどう影響を与えるのかを整理したうえで対応していかなければなりません。**

ここでは、しろうさ商店のケースをもとにインボイス制度で、これからの取引がどう変わっていくのかを見ていきましょう。

私がやらなければならないことは、インボイスの書き方をマスターすることと、事業者の登録をすることくらいですか？

はい、作業としてはそのくらいです。
でも、いろいろと検討していかないといけない課題はたくさんありますから、一緒に考えていきましょう。

ここでのまとめ

☑ インボイス制度の導入で請求書の書き方が変わる。

☑ 今後は消費税の納税がわかりやすく正確になる！

2 インボイス制度の目的ってなんですか？

仕入税額控除の仕組み

　ここで、まず消費税の計算の仕組みを見ていきましょう。

　消費税は、国内の**すべての商品やサービスの消費について課税される税金**です。そのため、実際に税金を負担するのは**消費者**ですが、税金自体は商品の販売を行う**事業者**が売上の際に税金分を徴収し、消費者に代わって国に税金として納める方法を取っています。

日常的な消費

食料品の購入

マッサージの受診

自動車の購入

　このときに、売上の税金をそのまま納税してしまうと、仕入の際に別の事業者に支払った税金の納税が**事業者間で重複**してしまいます。これを避けるために仕入の際に支払った税金を控除して納付します。この仕組みのことを「**仕入税額控除**」（しいれぜいがくこうじょ）といいます。

仕入税額控除の仕組み

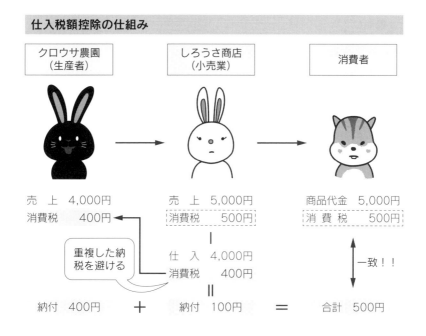

【消費税の納税額】
　売上の消費税−仕入の消費税＝消費税の納税額

しろうさ商会はクロウサ農園から4,000円分の仕入をしていますよね？
ということは、クロウサ農園は400円の税金を納税しているはずだから、しろうさ商店ではこの400円の税金を引いて納税します。そうすると、2人が納税した税金が、消費者の負担した税金と一致するんですよ。

なるほど、確かにうちも仕入先から商品を買うときは消費税を払ってますものね。売った側が納税すればいいから、買った側はその分引いてもいいってことなんですね。

そうなんです。ただ、このやり方は、**お互いの事業者が税金を納税していることが前提**なんです。でも、実際は免税事業者もいるから、その場合はこの前提が崩れてしまうんです。

クロウサ農園が免税事業者だった場合

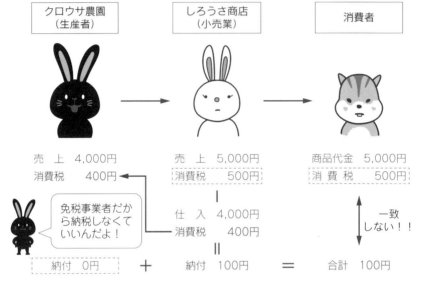

クロウサ農園 （生産者）	しろうさ商店 （小売業）	消費者

売上　4,000円
消費税　　400円

売上　5,000円
消費税　　500円

商品代金　5,000円
消費税　　500円

免税事業者だから納税しなくていいんだよ！

仕入　4,000円
消費税　　400円

一致
しない！！

納付　0円　＋　納付　100円　＝　合計　100円

わん！ポイント　【免税事業者とは？】

消費税の申告納税を行わなくてもよい事業者を指します。免税事業者は、基準期間（2年前）の売上高が1,000万円以下であったなど、一定の要件に該当する場合に対象となります。詳しくは16ページを参照してください。

インボイスによって、税金の有無を明確に！

　この場合に、クロウサ農園にしろうさ商店が支払った消費税はどうなってしまうのでしょうか？　実は、クロウサ農園に消費税の納税義務がないため、クロウサ農園は **4,400 円全額が売上**となってしまうのです。

　こうしたことは、現状の請求書のやり取りでは把握することができません。そこで、お互いがインボイスを作成して、**①納税義務のある事業者かどうか？**　**②税金の金額はいくらなのか？**を請求書で明確にわかるように制度化したのです。これが、**インボイス制度の目的**なのです。

インボイス制度が導入された場合

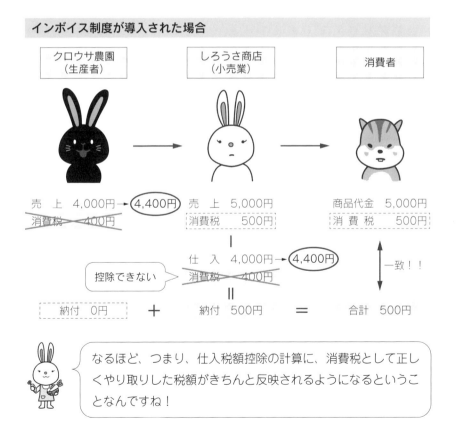

なるほど、つまり、仕入税額控除の計算に、消費税として正しくやり取りした税額がきちんと反映されるようになるということなんですね！

ここでのまとめ

☑ 消費税の計算は売上の消費税から仕入の消費税を控除して計算する。

☑ インボイスで仕入税額控除の計算に正しい消費税のやり取りが反映される！

3 インボイスを発行できる事業者とは？

インボイスの発行は登録制

　インボイスを発行するには、税務署に「**適格請求書発行事業者の登録申請書（以下「登録申請書」とします）**」を提出しなければなりません。この書類を提出して、インボイス発行の登録を受けた事業者を「**適格請求書発行事業者（以下、「登録事業者」とします）**」といいます。

　わー、細かい文字がたくさんあって難しそうな書類（21ページ参照）ですね。

　しろうさ商店さんのようにもともと消費税の課税事業者だったら、実はそれほど書くところはないんですよ。
　1ページ目の事業者の情報を記載したら、その下の「**事業者区分**」欄と2ページ目の「**登録要件の確認**」欄のチェックを入れるだけです。

　免税事業者のひとも出せるんですね。インボイスって課税事業者しか発行できないんじゃないんですか？

　そうなんです。免税事業者でインボイスを発行したかったら、**課税事業者になることで登録申請書の提出ができてインボイスの発行ができる**んです。

15

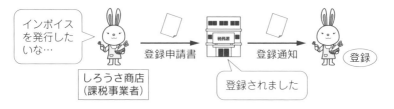

もともと課税事業者だったら…

インボイス
を発行した
いな…

登録申請書 → 登録通知 → 登録

しろうさ商店
（課税事業者）

登録されました

免税事業者だけどインボイスを発行したい！

インボイス
を発行した
いな…

登録申請書 →

クロウサ農園
（免税事業者）

先に課税事業
者になってく
ださい！

課税事業者に
なる？？

そもそも課税事業者にはどうやってなるのだろう？

　インボイスを発行できる事業者は**課税事業者**のうち、登録申請書を提出して税務署の**事業者登録**を受けた**登録事業者**だけです。

　課税事業者であれば必ず登録事業者になっているというわけではないのです。課税事業者になるのは、一般的に**前々年**（法人の場合は前々事業年度）を基 準 期 間とし、この期間の課税売上高が1,000万円を超える場合です。この基準に該当する場合には、自動的に課税事業者となるのです。

基準期間による納税義務の判定方法

2020年　　2021年　1/1　2022年

基準期間

課税売上高
1,000万円超

→ 課税事業者

前々年の売上高で判定

このほかに、前年（前事業年度）の上半期の売上か給与のどちらかが1,000万円を超える場合や相続などにより事業承継があった場合などの特例もありますが、基本的に基準期間の判定だけ押さえてもらえばOKです。
また、資本金1,000万円以上で会社を設立した場合にも特例で課税事業者になってしまうので、注意が必要です。

課税事業者になるための基準が売上なのに、課税事業者に自分でなれるんですか？

実は、免税事業者でも課税事業者になれる制度として、「**課税事業者の選択**」という制度があるんです。売上などの基準で免税事業者に該当する場合でも、**税務署に課税事業者になるための届出書を提出**すると、自分で選んで課税事業者になることができるんです。

課税事業者になるには？

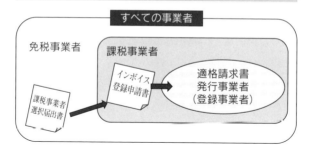

インボイスの登録事業者と課税事業者の関係

すべての事業者

免税事業者

課税事業者

インボイス
登録申請書

適格請求書
発行事業者
（登録事業者）

課税事業者
選択届出書

免税事業者でも**課税事業者に自分でなれば、インボイスの登録申請書が出せる**んですね。でも、課税事業者になったら、消費税の納税をしないといけないですよね？

そうなりますね。ですので、免税事業者の場合は、税金の支払いも考えてこの手続きをするべきか検討する必要があるんです。

課税事業者だからといって登録しなくても OK

　適格請求書発行事業者は登録制ですから、**消費税の納税を行う課税事業者のすべてが登録事業者というわけではありません**。あえて登録制にしているのは、インボイスを発行する必要がない事業者もいるからなんです。では、インボイスがいらない事業者とはどんな事業者でしょうか？

しろうささんはネイルサロンとか、普段行きますか？

どうしたんですか？急に…
たまに行きますよ。友達の結婚式の前とか。

あ、いや、世間話ではなく…
ネイルサロンで領収書もらったら、どうしてますか？

経費にはならないので、お財布から出した時に捨ててしまいますね。もらわない時もあります。

　インボイスの目的は「**売手と買手がやりとりした消費税額をお互いが正確に把握するため**」です。すなわち、下の図のようにインボイスをもらわないといけないのは、売手が消費税の計算上、仕入税額控除を取る必要がある場合だけです。

インボイスの必要な売上と必要でない売上

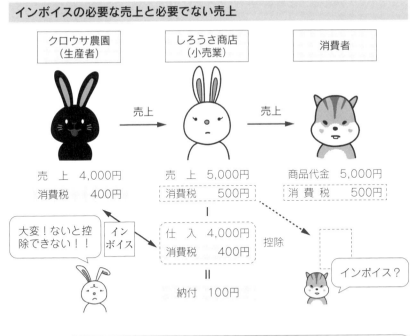

そうか、同じ売上でもクロウサ農園さんのうちへの売上と、うちのお客さんへの売上は性質が違うのか。

19

そうなんです。インボイスが必要になるのは、相手が事業者の場合で、相手が消費者であればインボイスを発行できなくても問題になることがあまりないんです。

インボイスって大変ですもんね。**相手が消費者だったら、課税事業者であったとしてもインボイスの登録事業者になる必要ないっていうことですね。**

はい。でも、しろうさ商店もメインはスーパーのお客さんだけど、卸売りの取引ではインボイスが必要になりますよね？
これと同じで、**実際の客層を考えて本当に登録が必要なのかを決めることが重要なんですよ。**

ここでのまとめ

☑ インボイスの登録事業者には、課税事業者でも登録申請書を提出しないとなれない。

☑ 免税事業者でも課税事業者を選択することで登録事業者になることができる。

しろうさ商店（課税事業者）の場合の記載例

第1−(1)号様式

【国内事業者用】

適格請求書発行事業者の登録申請書

【1／2】

収受印

令和 5 年 4 月 10 日

申請者	（フリガナ）	トウキョウトシブヤクウエハラ×××−×
	住所又は居所 （法人の場合） 本店又は 主たる事務所 の所在地	◎（法人の場合のみ公表されます） （〒 151 − 0064 ） 東京都渋谷区上原×××−× （電話番号 03 − 6666 − 6666 ）
	（フリガナ）	
	納　税　地	（〒 　− 　） 同　　　　上 （電話番号 　− 　− 　）
	（フリガナ）	カブシキガイシャ シロウサショウテン
	氏名又は名称	◎ 株式会社しろうさ商店
	（フリガナ）	ダイヒョウトリシマリヤク シロウサ ミーコ
	（法人の場合） 代表者氏名	代表取締役　しろうさ　みー子

渋谷 税務署長殿

法　人　番　号	1 2 3 4 5 6 7 8 9 0 1 2 3

この申請書に記載した次の事項（◎印欄）は、適格請求書発行事業者登録簿に登載されるとともに、国税庁ホームページで公表されます。
1　申請者の氏名又は名称
2　法人（人格のない社団等を除く。）にあっては、本店又は主たる事務所の所在地
　なお、上記1及び2のほか、登録番号及び登録年月日が公表されます。
　また、常用漢字等を使用して公表しますので、申請書に記載した文字と公表される文字とが異なる場合があります。

　下記のとおり、適格請求書発行事業者としての登録を受けたいので、所得税法等の一部を改正する法律
（平成28年法律第15号）第5条の規定による改正後の消費税法第57条の2第2項の規定により申請します。
　※　当該申請書は、所得税法等の一部を改正する法律（平成28年法律第15号）附則第44条第1項の規定により令和5年9月30日以前に提出するものです。

　令和5年3月31日（特定期間の判定により課税事業者となる場合は令和5年6月30日）までにこの申請書を提出した場合は、原則として令和5年10月1日に登録されます。

事　業　者　区　分	この申請書を提出する時点において、該当する事業者の区分に応じ、□にレ印を付してください。 ☑ 課税事業者　　　　□ 免税事業者 ※ 次葉「登録要件の確認」欄を記載してください。また、免税事業者に該当する場合には、次葉「免税事業者の確認」欄も記載してください（詳しくは記載要領等をご確認ください。）。

該当する方に☑

令和5年3月31日（特定期間の判定により課税事業者となる場合は令和5年6月30日）までにこの申請書を提出することができなかったことにつき困難な事情がある場合は、その困難な事情	

税　理　士　署　名	
	（電話番号 　− 　− 　）

※税務署処理欄	整理番号		部門番号		申請年月日	年　月　日	通信日付印確認	年　月　日
	入力処理	年　月　日	番号確認		身元確認	□ 済 □ 未済	確認書類	個人番号カード／通知カード・運転免許証 その他（　　　）
	登録番号	T						

注意　1　記載要領等に留意の上、記載してください。
　　　2　税務署処理欄は、記載しないでください。
　　　3　この申請書を提出するときは、「適格請求書発行事業者の登録申請書（次葉）」を併せて提出してください。

この申請書は、令和三年十月一日から令和五年九月三十日までの間に提出する場合に使用します。

インボイス制度

【国内事業者用】

適格請求書発行事業者の登録申請書（次葉）

【2／2】

氏 名 又 は 名 称	株式会社しろうさ商店

該当する事業者の区分に応じ、□にレ印を付し記載してください。

免税事業者の確認	□ 令和5年10月1日から令和11年9月30日までの日の属する課税期間中に登録を受け、所得税法等の一部を改正する法律（平成28年法律第15号）附則第44条第4項の規定の適用を受けようとする事業者 ※ 登録開始日から納税義務の免除の規定の適用を受けないこととなります。		
	個 人 番 号		
	事業内容等	生年月日（個人）又は設立年月日（法人） ○明治 ○大正 ○昭和 ○平成 ○令和　年　月　日	法人のみ記載 事業年度 自　月　日／至　月　日　資本金　円
		事 業 内 容	登録希望日（令和5年10月1日を希望する場合、記載不要）令和　年　月　日
	□ 消費税課税事業者（選択）届出書を提出し、納税義務の免除の規定の適用を受けないこととなる課税期間の初日から登録を受けようとする事業者		課 税 期 間 の 初 日 ※ 令和5年10月1日から令和6年3月31日までの間のいずれかの日　令和　年　月　日

登録要件の確認	課税事業者です。 ※ この申請書を提出する時点において、免税事業者であっても、「免税事業者の確認」欄のいずれかの事業者に該当する場合は、「はい」を選択してください。	☑ はい □ いいえ
	納税管理人を定める必要のない事業者です。 （「いいえ」の場合は、次の質問にも答えてください。）	☑ はい □ いいえ
	納税管理人を定めなければならない場合（国税通則法第117条第1項） 【個人事業者】 国内に住所及び居所（事務所及び事業所を除く。）を有せず、又は有しないこととなる場合 【法人】 国内に本店又は主たる事務所を有しない法人で、国内にその事務所及び事業所を有せず、又は有しないこととなる場合	
	納税管理人の届出をしています。 「はい」の場合は、消費税納税管理人届出書の提出日を記載してください。 消費税納税管理人届出書 （提出日：令和　年　月　日）	□ はい □ いいえ
	消費税法に違反して罰金以上の刑に処せられたことはありません。 （「いいえ」の場合は、次の質問にも答えてください。）	☑ はい □ いいえ
	その執行を終わり、又は執行を受けることがなくなった日から2年を経過しています。	□ はい □ いいえ

参考事項	該当する方に☑
	納税管理人とは、海外へ出国するなどの理由で、納税等に支障がある場合に納税手続きを代行して行う人をいいます。一般的には該当しないので「はい」に✓で大丈夫。

4 事業者登録はいつまでにどうやるの？

インボイスの事業者登録をしよう

それでは、具体的にインボイスの事業者登録の手続きを見ていきましょう。

適格請求書発行事業者の申請から登録まで

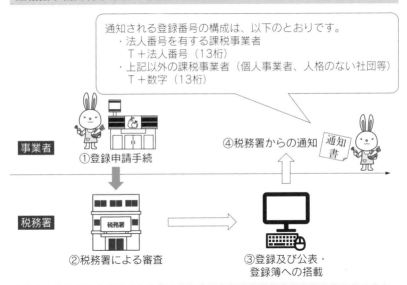

通知される登録番号の構成は、以下のとおりです。
・法人番号を有する課税事業者
　Ｔ＋法人番号（13桁）
・上記以外の課税事業者（個人事業者、人格のない社団等）
　Ｔ＋数字（13桁）

事業者

①登録申請手続

④税務署からの通知

通知書

税務署

②税務署による審査

③登録及び公表・
　登録簿への搭載

事業者は以下の事項をインターネットを通じて確認できます。
・適格請求書発行事業者の氏名又は名称
・登録番号、登録年月日（取消、失効年月日）
・法人の場合、本店又は主たる事務所の所在地

（出典：国税庁「消費税軽減税率制度の手引き」令和3年8月版）

　事業者から申請書を受領した税務署は、まず内容を**審査**します。問題がなければ登録事業者として登録し、登録簿に**①その事業者の情報**と**②登録**

番号・登録年月日を登録します。この**登録を受けた日（登録日）**から登録事業者になります。登録番号は、申請者に**税務署から通知**されるので、通知を受けた**番号を請求書に記載**することで正式なインボイスの発行となるのです。なお、登録申請書の提出は、e-Tax でも行えます。

税務署の審査といってもその事業者が過去に重大な法令違反をおかしたことがあるなどの**登録拒否要件**に該当しない限りは承認されないことはないんです。
ふつうは、出せば承認されるので、心配はいらないですよ。

登録事業者になれるのは登録を受けた日からなんですね。申請書の提出日じゃないのか。事前に申請書を出しておかないといけないですね。

わん！ポイント　【登録拒否要件とは？】

　　　登録を受けようとする事業者に、次のいずれかの事実があれば登録拒否要件とされ、登録申請書を提出しても登録ができなくなってしまいます。

・納税管理人を定めなければならない事業者が、納税管理人の届出をしていないこと
　（納税者の代わりに申告等の納税に関する手続きを行う者を納税管理人といいます。海外に居住する納税義務のある日本人などが登録しなければならないこととされています。）

・消費税法の規定に違反して罰金以上の刑に処せられ、その執行が終わり、又は執行を受けることがなくなった日から2年を経過しない者であること

登録のスケジュールを確認して登録漏れのないようにしよう

インボイス制度の開始は、2023（令和5）年10月1日ですが、制度開始時から登録を受けるためには、**2023（令和5）年9月30日までに登録申請手続を行わなければなりません。**

登録申請のスケジュール

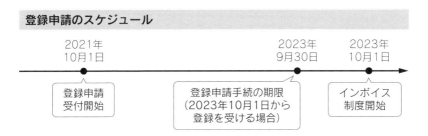

これは、書類の審査を行い、登録簿に搭載するまでの事務作業が必要となるためです。ただし、9月30日までに提出できたからといって、すぐに登録されるわけではなく、実際には登録簿に載るまでに数週間かかるため、トラブルを避けるためには早めの登録を行うことが重要です。

免税事業者が申請する場合の初年度の特例

納税義務の判定は、基準期間（16ページ）の課税売上高をベースとするため、通常、課税期間（26ページ）ごとに行われます。そのため、消費税の申告も課税期間ごとに行われるのですが、インボイス制度の導入により、課税事業者を選択して登録しようとする免税事業者は、特例により、**2023（令和5）年10月1日から課税事業者になることもできるのです。**

また、この場合には、2023（令和5）年9月30日までに**登録申請書を出すだけで、課税事業者の選択手続きをしなくても登録事業者になれるのです。**

初年度の特例

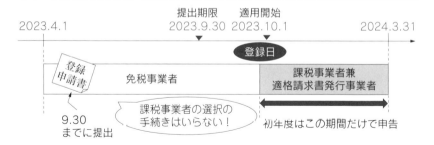

免税事業者は、同じ課税期間なのにインボイス制度が始まる前の期間では課税事業者にならなくてもいいんですね。

はい、この場合には、**年の途中から課税事業者になる**んです。個人事業者であれば、2023年は10月1日から12月31日までの期間分の消費税を申告すればいいということなんです。

わん！ポイント　【課税期間とは？】

　　消費税の申告対象となる期間のこと。通常は、個人事業主であれば暦年、法人であれば事業年度ごとに申告を行うが、3ヵ月ごとや1ヵ月ごとに短縮した期間にすることもできる。短縮する場合には、別途手続きが必要。

そのほかの特例

　インボイスの登録時の取扱いについては、このほかに以下のような特例があります。

① 免税事業者が課税期間の中途で登録する場合

　免税事業者が、2023（令和5）年10月1日の制度開始後、2029（令和11）年9月30日までの日の属する**課税期間**で登録申請書を提出する場合にも、課税期間の中途において提出することができます。この場合にも、**登録の効力は登録日から**生じます。また、課税事業者の選択手続きも同様に必要ありません。

　なお、この期間以後に登録する場合には、原則どおり課税事業者の選択の手続きが事前に必要になります。

2023年から2029年までの登録における経過措置

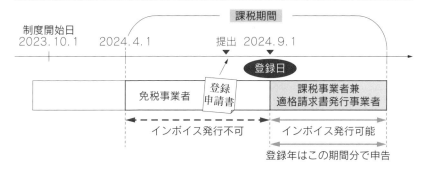

なるほど、あとからでもすぐに登録事業者になれるんですね。でも、これって例えば、来期から課税事業者になるから、来期の始めからインボイスが発行できるように登録したいとか、好きな日付で登録できないのでしょうか？

その場合には、**登録希望日**を記載しておくことで登録希望日から登録事業者になれますよ。
ただし、登録希望日は、**提出日から15日以降の日付しか記載できない**ため、注意が必要です。

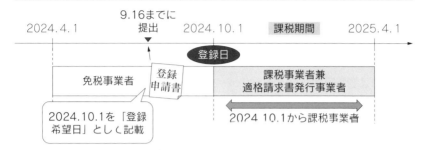

例えば2024年10月1日から課税事業者となりたい場合

2024.4.1　　9.16までに提出　　2024.10.1　　課税期間　　2025.4.1

登録日

免税事業者　　登録申請書　　課税事業者兼 適格請求書発行事業者

2024.10.1を「登録希望日」として記載

2024.10.1から課税事業者

登録希望日が決まっていると遡って提出日を決めないといけないから難しいですね。

そうなんです。ですから、制度開始後に登録する場合には、状況を早めに確認して、いつ登録すべきかを前もって計画しておくことが重要なんです。

② 新たに開業する場合

　免税事業者の制度は、基準期間（前々年又は事業年度）の売上で判定するため、新規に法人を設立した場合や個人事業者が新たに開業した場合には、しばらく基準期間がない課税期間が続きます。この場合には、一部の例外のケースを除き、**基準期間ができる3期目までは免税事業者**となってしまいます。そのため、この期間中に登録申請書を提出し、登録事業者になるためには、**事前に課税事業者の選択を行わなければなりません。**

開業年の課税事業者の選択

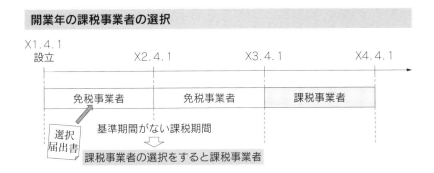

　この際に、事前に提出できない設立課税期間に関してだけは、その課税期間末までに登録申請書を提出した場合、**設立日に遡って登録されたものとみなされます。**

開業初年度の登録申請の特例

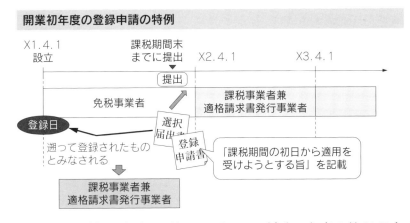

　なお、2023（令和5）年10月1日から2029（令和11）年9月30日までの日の属する課税期間分の申請については、このケースの場合も**課税事業者選択届出書の提出は不要**です。

この場合には「登録希望日」の欄ではなく、**「課税期間の初日」**の欄に該当課税期間の初日の日付を記載します。

2029（令和11）年9月30日までは、わりと希望に近い日付で登録ができるんですね。

そうですね。この期間を過ぎたら、年の中途から適用を受けられないし、課税事業者の選択の手続きも必要になります。

免税事業者の登録申請書の提出時期と登録日に関するまとめ

	①制度開始日より適用（2023年10月1日）	②開業年より適用（2029年10月1日以後）	③2023年10月1日〜2029年9月30日の属する課税期間	④2029年10月1日以後
課税事業者選択届出書の提出及び提出期限	提出不要	提出必要（開業課税期間の末日まで）	提出不要	提出必要（適用を受ける課税期間の前課税期間の末日まで）
登録申請書の提出期限	2023年9月30日まで	開業課税期間の末日まで	登録希望日の15日前の日まで（設立日から適用を受ける場合には課税期間の末日まで）	適用を受ける課税期間開始の日の15日前の日まで
登録日	2023年10月1日	開業課税期間の初日（遡って登録）	登録希望日又は課税期間の初日	課税期間の初日

ここでのまとめ

- ☑ インボイスの事業者登録は、2023（令和5）年9月30日までに申請書を提出する。提出が完了すると、2023（令和5）年10月1日の制度開始日に登録される。
- ☑ 免税事業者が登録申請書を提出したい場合には、先に課税事業者の選択の手続きを行う。ただし、特例で申請書の提出だけで課税事業者を選択したことになるケースもある。適用時期と提出書類をチェックしよう。

クロウサ農園（免税事業者）の場合の記載例

第1-(1)号様式

国内事業者用

適格請求書発行事業者の登録申請書

【1／2】

収受印			
令和 5 年 4 月 10 日	申請者	（フリガナ） 住所又は居所 （法人の場合） 本店又は 主たる事務所 の所在地	カナガワケンハダノシトガワ×××－× （〒 259 － 1306 ） ◎ (法人の場合のみ公表されます) 神奈川県秦野市戸川×××－× （電話番号　0463 － 111 － 3333 ）
		（フリガナ） 納　税　地	（〒　　－　　　） 同　　　上 （電話番号　　－　　－　　）
		（フリガナ） 氏名又は名称	クロウサ　ウサト ◎ クロウサ　ウサ斗
		（フリガナ） （法人の場合） 代表者氏名	
平塚 税務署長殿		法　人　番　号	

この申請書に記載した次の事項（◎印欄）は、適格請求書発行事業者登録簿に登載されるとともに、国税庁ホームページで公表されます。
1　申請者の氏名又は名称
2　法人（人格のない社団等を除く。）にあっては、本店又は主たる事務所の所在地
　なお、上記1及び2のほか、登録番号及び登録年月日が公表されます。
　また、常用漢字等を使用して公表しますので、申請書に記載した文字と公表される文字とが異なる場合があります。

　下記のとおり、適格請求書発行事業者としての登録を受けたいので、所得税法等の一部を改正する法律（平成28年法律第15号）第5条の規定による改正後の消費税法第57条の2第2項の規定により申請します。
　※　当該申請書は、所得税法等の一部を改正する法律（平成28年法律第15号）附則第44条第1項の規定により令和5年9月30日以前に提出するものです。

　令和5年3月31日（特定期間の判定により課税事業者となる場合は令和5年6月30日）までにこの申請書を提出した場合は、原則として令和5年10月1日に登録されます。

事　業　者　区　分	この申請書を提出する時点において、該当する事業者の区分に応じ、□にレ印を付してください。 □ 課税事業者　　　☑ 免税事業者 ※ 次葉「登録要件の確認」欄を記載してください。また、免税事業者に該当する場合には、次葉「免税事業者の確認」欄も記載してください（詳しくは記載要領等をご確認ください。）。
令和5年3月31日（特定期間の判定により課税事業者となる場合は令和5年6月30日）までにこの申請書を提出することができなかったことにつき困難な事情がある場合は、その困難な事情	該当する方に☑
税　理　士　署　名	（電話番号　　－　　－　　）

※税務署処理欄	整理番号		部門番号		申請年月日	年　月　日	通信日付印 年　月　日	確認
	入力処理	年　月　日	番号確認		身元確認	□ 済 □ 未済	確認書類	個人番号カード／通知カード・運転免許証 その他（　　　）
	登録番号　T							

注意　1　記載要領等に留意の上、記載してください。
　　　2　税務署処理欄は、記載しないでください。
　　　3　この申請書を提出するときは、「適格請求書発行事業者の登録申請書（次葉）」を併せて提出してください。

インボイス制度

31

国内事業者用

適格請求書発行事業者の登録申請書（次葉）

【2／2】

> 30ページの当てはまるケースの
> 方にチェックを入れ、必要事項を
> 記載します。

氏名又は名称	クロウサ　ウサ斗

該当する事業者の区分に応じ、□にレ印を付し記載してください。

この申請書は、令和三年十月一日から令和五年九月三十日までの間に提出する場合に使用します。

免税事業者の確認

☑ 30ページの①、③（中途で適用）のいずれかの場合に☑

所得税法等の一〜る事業者

個 人 番 号	9 8 7 6 5 4 3 2 1 0 1 2			
事業内容等	生年月日（個人）又は設立年月日（法人）	○明治 ○大正 ○昭和 ●平成 ○令和　5 年　3 月　10 日	法人のみ記載	事業年度	自　　月　　日　至　　月　　日
				資 本 金	円
	事 業 内 容	農業		登録希望日 Ⓐ	令和　年　月　日

□ 消費税課税事業者（選択）届出書を提出し、納税義務の免除の規定の適用を受けないこととなる課税期間の初日から登録を受けようとする事業者

30ページの②、③（設立日に適用）のいずれかの場合に☑

Ⓑ 課 税 期 間 の 初 日 ※ 令和5年10月1日から令和6年3月31日までの間のいずれかの日	令和　年　月　日

登録要件の確認

※　この申請書を提出する時点において、免税事業者であっても、「免税事業者の確認」欄のいずれかの事業者に該当する場合は、「はい」を選択してください。	☑ はい　□ いいえ
納税管理人を定める必要のない事業者です。（「いいえ」の場合は、次の質問にも答えてください。）	□ はい　☑ いいえ
納税管理人を定めなければならない場合　（国税通則法第117条第1項）【個人事業者】　国内に住所及び居所（事務所及び事業所を除く。）を有せず、又は有しないこととなる場合【法人】　国内に本店又は主たる事務所を有しない法人で、国内にその事務所及び事業所を有せず、又は有しないこととなる場合	
納税管理人の届出をしています。「はい」の場合は、消費税納税管理人届出書の提出日を記載してください。消費税納税管理人届出書　（提出日：令和　　年　　　月　　　日）	□ はい　□ いいえ
消費税法に違反して罰金以上の刑に処せられたことはありません。（「いいえ」の場合は、次の質問にも答えてください。）	☑ はい　□ いいえ
その執行を終わり、又は執行を受けることがなくなった日から2年を経過しています。	□ はい　□ いいえ

参考事項

> Ⓐ　①制度開始日より適用する場合は記載不要。
> 　　③の場合登録希望日を記載。
> Ⓑ　②又は③の場合で設立日から登録を受ける場合、適用する
> 　　課税期間の最初の日付を記載

※なお、④の期間の様式については公開されていません。

第1号様式

消費税課税事業者選択届出書

> 30ページの②、④に該当する場合には、この用紙も併せて提出します。

	（フリガナ）	カナガワケンハダノシトガワ×××－×
届	税 地	（〒 259 － 1306 ） 神奈川県秦野市戸川×××－× （電話番号　0463 － 111 － 3333 ）
	（フリガナ）	（〒 － ）
出	住所又は居所 （法人の場合） 本 店 又 は 主 た る 事 務 所 の 所 在 地	同　　　上 （電話番号　　－　　　－　　　）
	（フリガナ）	クロウサノウエン
者	名称（屋号）	クロウサ　農園
	個 人 番 号 又 は 法 人 番 号	↓ 個人番号の記載に当たっては、左端を空欄とし、ここから記載してください。 9 8 7 6 5 4 3 2 1 0 1 2
	（フリガナ）	クロウサ　ウサト
	氏 名 （法人の場合） 代 表 者 氏 名	クロウサ　ウサ斗
	（フリガナ）	
	（法人の場合） 代 表 者 住 所	（電話番号　　－　　　－　　　）

平塚 税務署長殿

下記のとおり、納税義務の〔　　　　　　　〕 条第4項の規定により届出します。

> 適用する課税期間の日付を記載します

適用開始課税期間	自 ○平成 ●令和 12 年 1 月 1 日	至 ○平成 ●令和 12 年 12月 31 日

上 記 期 間 の	自 ○平成 ●令和 10 年 1 月 1 日	左記期間の 総 売 上 高	9,000,100 円
基 準 期 間	至 ○平成 ●令和 10 年 12月 31 日	左記期間の 課 税 売 上 高	9,000,000 円

事業内容等	生年月日（個人）又は設立年月日（法人）	1明治・2大正・3昭和・4平成・5令和 ○ ○ ○ ● ○ 5 年 3 月 10 日	法人のみ記載	事 業 年 度	自 月 日至 月 日
				資 本 金	円
	事 業 内 容	農業	届出区分	事業開始・設立・相続・合併・分割・特別会計・その他 ○ ○ ○ ○ ○ ○ ●	

参考事項		税理士署名	（電話番号　　－　　　－　　　）

※税務署処理欄	整理番号		部門番号			
	届出年月日	年 月 日	入力処理	年 月 日	台帳整理	年 月 日
	通 信 日 付 印 年 月 日	確認	番号確認	身元確認	□ 済 □ 未済	確認書類 個人番号カード／通知カード・運転免許証 その他（　　　　　）

注意　1．裏面の記載要領等に留意の上、記載してください。
　　　2．税務署処理欄は、記載しないでください。

5 登録の有無はどう確認するの？

自分の登録日は登録通知書を確認しよう

登録申請書の提出後、自身が事業者登録をされたかどうかは、税務署から送付される「**適格請求書発行事業者の登録通知書（以下、「登録通知書」とします）。40ページ参照**」で確認できます。

登録通知書は、登録申請書の記載内容により、郵送又は e-Tax のメッセージボックスに送付されます。

2023（令和5）年10月1日以後に申請書を提出した場合には、書類が届くまで登録日の確認ができません。事業者登録がなく、**インボイスが有効でない期間については、インボイスの発行を行わない**ようにします。

登録通知書による確認

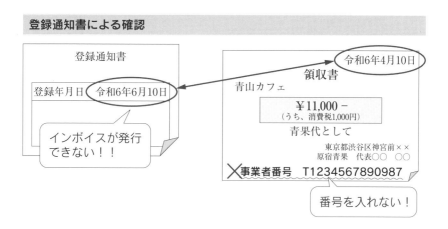

登録事業者以外の人が、**インボイスと誤認するような請求書等を発行した場合**には、**罰則**(*)がありますから、きちんと登録日を確認したうえで発行することが重要です。

あやまって発行してしまった場合には、発行先に申し出て修正したものを送付しないといけませんね。

かなり厳しいんですね。

ところで、相手の事業者が登録されているかどうかは確認できるのでしょうか？

番号があっても登録日がいつかは、請求書ではわからないですよね。

（＊）１年以下の懲役または50万円以下の罰金

インターネットによる登録事業者の確認方法

　請求書に書かれた登録番号は、登録日から有効になるため、その番号が本当に有効な番号であるのかは、登録日が確認できなければ、判断ができません。

　そのため、インボイス制度では①誰が登録されているのか？という情報以外に②いつ登録されたのか？という日付も確認できなければなりません。こうしたことから、国税庁では「**国税庁インボイス制度適格請求書発行事業者公表サイト**」で登録簿の登録状況を検索できるようにしています。

国税庁インボイス制度適格請求書発行事業者公表サイト

(https://www.invoice-kohyo.nta.go.jp/)

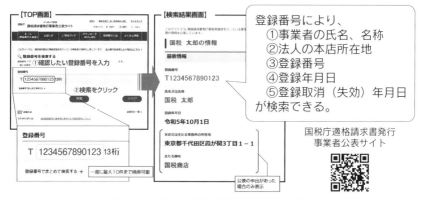

（出典：国税庁「消費税軽減税率制度の手引き」令和3年8月版）

このサイトで請求書の番号を入力して、確認ができるんですね！便利ですね！！

登録内容に関する注意点

ここで、登録内容について再度確認しましょう。「国税庁インボイス制度適格請求書発行事業者公表サイト」に公開される事業者情報は、原則として次のとおりです。

【適格請求書発行事業者公表サイトの公開情報】

　①事業者の氏名、名称　②法人の本店所在地　③登録番号

　④登録年月日　⑤登録取消（失効）年月日

「事業者の名称」は、お店の名前ですか？

いえ、法人の場合には登記されている**法人の名称**ですし、個人事業者の場合には**氏名**が公開されます。
住所も法人の場合は、法人登記されている住所ですから、店舗が別にあっても店舗の住所は公開されないですね。

ええ！そうなんですか？うちのスーパーで出しているレシートには会社の名前や本社の住所が書いてないですけど、それじゃまずいですよね？？

そうですね。屋号や○○店っていう店舗の名称は出さないとお客さんが混乱しますし、これからは登録番号の確認のために法人の名称と本店所在地も併記する必要がありそうですね。

レシートの記載例

```
   スーパーシロウサ　祐天寺店
      東京都目黒区××

運営会社：株式会社しろうさ商店
       東京都渋谷区上原××
 （登録番号：T1234567890123）

2022年4月10日

 ※国産豚バラ肉　1点　320
```

公表サイトで公開される情報を加える

個人事業者の場合の注意点

　個人事業者の場合には、**屋号や住所は原則として公開されません**。個人事業者には、フリーランスのデザイナーや芸能人など、お店を持たない形態の事業者もたくさんいます。そのため、誰でも調べられるサイトに住所を公開することはプライバシーの問題になってしまうからです。そこで、住所や屋号を公開する場合には、公開したい情報を「**適格請求書発行事業者**

の公表事項の公表（変更）申出書」（41ページ参照）に記載して、別途申し出ることで、公開することができます。

【適格請求書発行事業者の公表事項の公表（変更）申出書で公開できる事項】

①個人事業者の主たる屋号

②個人事業者及び人格のない社団等^(＊)の本店又は主たる事務所等の所在地

③住民票に記載されている外国人住民の通称又は旧姓氏名

（戸籍上の氏名と併記することも選択できる）

（＊）人格のない社団等とは、PTAや学会、研究会などの法人格のない団体で管理者や代表者が定められているものをいいます。

弁護士や税理士などの士業と呼ばれる人の中には、旧姓で仕事をしている人もいるので、その場合には**旧姓の氏名の公開もできます**よ。

個人事業者の場合は、住所を公開しないで、直接**お店の場所だけを公開することもできる**んですね。

そうなんです。ただし、法人と同様に、公開できる住所は一箇所だけなので、複数の店舗がある場合には、どこか一箇所を本部として公開する形にして、**領収書には店舗の住所と一緒に記載しておくことが望ましい**ですね。

公表事項に変更がある場合

　登録事業者が、登録申請書に記載した登録事項に変更があった場合には、「適格請求書発行事業者登録簿の登載事項変更届出書」を提出し、記載事項

の変更を行います。

　なお、法人で変更事項が「名称」又は「本店又は主たる事務所の所在地」
である場合に、「異動届出書」を提出しているときは省略可能です。

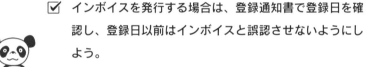

住所の変更などがあった場合には、請求書等を受領した取引先
が困らないように、速やかに変更しましょう。e-Tax でも提出
できますよ。

ここでのまとめ

☑ インボイスを発行する場合は、登録通知書で登録日を確
　認し、登録日以前はインボイスと誤認させないようにし
　よう。

☑ 取引先からもらった請求書等が有効なインボイスである
　かどうかは、適格請求書発行事業者公表サイトで登録
　番号の有無を確認しよう。

東局イ特　　第 56789号
令和 5 年 5 月 10日

平塚　税務署長
財務事務官
ウサミ　ウサト

納税地	
氏名	クロウサ　ウサ斗 殿

適格請求書発行事業者の登録通知書

　あなたから令和 5 年 4 月 10 日付で提出された適格請求書発行事業者の登録申請に基づき、以下の通り登録しましたので、通知します。

登録年月日	令和 5 年 10月 1 日
登録番号	T9-8765-4321-0123
氏名	クロウサ　ウサ斗
	以下余白

個人事業者が「屋号」と「主たる事務所」を公表する場合

適格請求書発行事業者の公表事項の公表（変更）申出書

収受印

| 令和　　年　　月　　日 | （フリガナ） | カナガワケンハダノシトガワ×××－× |
| | 申　納　税　地 | （〒 259 － 1306） |

神奈川県秦野市戸川×××－×

（電話番号　0463－ 111 － 3333 ）

> 登録簿に店舗や事業所の名称やその住所を記載したい場合には、それぞれの欄に記載して提出すると、その情報が公開されます。

クロウサ　ウサト

クロウサ　ウサ斗

法人の方は個人番号の記載は不要です。

| 2 | 3 | 4 | 5 | 6 | 7 | 8 | 0 | 0 | 1 | 2 | 3 |

国税庁ホームページの公表事項について、下記の事項を追加（変更）し、公表することを希望します。

新たに公表を希望する事項の□にレ印を付し記載してください。

新たに公表する事項	個人事業者	☑ 主 た る 屋 号	（フリガナ）　クロウサノウエン
		複 数 あ る 場 合の 任 意 の 一 つ	クロウサ農園
		☑ 主 た る 事 務 所の 所 在 地 等	（フリガナ）　カナガワケンアツギシアイコウ××－×
		複 数 あ る 場 合の 任 意 の 一 箇 所	神奈川県厚木市愛甲××－×
		□ 通 称□ 旧 姓（旧 氏）氏 名	いずれかの□にレ印を付し、通称又は旧姓(旧氏)を使用した氏名を記載してください。
		住民票に併記されている通称又は旧姓(旧氏)に限る	□ 氏名に代えて公表　　（フリガナ）　　□ 氏名と併記して公表
	人格のない社団等	□ 本 店 又 は 主 た る事 務 所 の 所 在 地	（フリガナ）

既に公表されている上記の事項について、公表内容の変更を希望する場合に記載してください。

変更の内容	変　更　年　月　日	令和　　　年　　　　月　　　　日
	変　　更　　事　　項	（個人事業者）　□ 屋号　□ 事務所の所在地等　□ 通称又は旧姓(旧氏)氏名（人格のない社団等）　□ 本店又は主たる事務所の所在地
	変　　更　　前	（フリガナ）
	変　　更　　後	（フリガナ）

※　常用漢字等を使用して公表しますので、申出書に記載した文字と公表される文字とが異なる場合があります。

| 参　　考　　事　　項 | |
| 税　理　士　署　名 | （電話番号　　　－　　　－　　　） |

| ※税務署処理欄 | 整　理　番　号 | | 部　門　番　号 | |
| | 申出年月日　　年　　月　　日 | 入力処理　　年　　月　　日 | 番　号　確　認 | |

注意　1　記載要領等に留意の上、記載してください。
　　　2　税務署処理欄は、記載しないでください。

インボイス制度

6 登録をやめたいときはどうするの？

登録を取り消したいときは？

インボイスの登録事業者が、免税事業者になる予定があるときなど、登録をやめたいときは、「**適格請求書発行事業者の登録の取消しを求める旨の届出書（登録取消届出書）**（46 ページ参照）」を提出しなければなりません。

インボイスの登録は、登録簿での管理が前提になるので、登録を取り消す場合にも前もって登録取消届出書を提出しておく必要があります。具体的には、**登録を取り消したい課税期間の翌課税期間の初日より遡って 15 日前までに提出**する必要があります。

登録の取りやめ

2025.3.17　2025.4.1　　　　　　　　　　　　　　　　2026.4.1

提出　　　提出期限　　　　　登録を取り消したい課税期間

登録取消届出書

15日

効力あり　　　　　　　　　　失効

届出書を出し忘れてしまったら、いつから失効されるんですか？

15 日前を過ぎてから提出された場合には、**さらにその次の課税期間末まで取り消すことができない**んです。

提出が遅れた場合

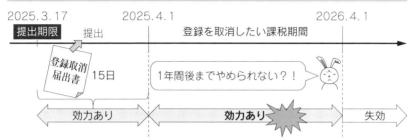

これって、たとえば次の課税期間が免税事業者になる予定の場合でも、申告や納税をしないといけないってことですよね？大変！

そうなんです。インボイスの登録が失効されていないと課税事業者になってしまうので、基準期間（16 ページ参照）の売上の基準で免税事業者になったとしても、これまでみたいに自動的に免税事業者にはならないので注意が必要です。

課税事業者の選択に関する制限

　さらに、免税事業者が制度開始日以後、**2023（令和5）年 10 月 1 日を含まない課税期間**で課税事業者の選択により、課税事業者になったうえで、登録申請書を提出する場合（26 ページ以降の「そのほかの特例」のケース）には、その課税事業者の選択により課税事業者となった課税期間から概ね 2 期分は**免税事業者に戻すための制限**がかかります。

課税事業者の選択後に登録を受けた場合

登録日
X.4.1　　　　　　　　X2.4.1　　　　　　　　X3.4.1

登録日

| 選択届出書 | 登録日 | 課税事業者兼適格請求書発行事業者 | 課税事業者兼適格請求書発行事業者 |

| 登録申請書 | 登録日 | 課税事業者兼適格請求書発行事業者 | 課税事業者兼適格請求書発行事業者 |

この期間は免税事業者になれない

　なお、2023（令和5）年10月1日から、2029（令和11）年9月30日までの間に登録申請書を提出する場合には、経過措置により、別途課税事業者の選択の手続きは必要ありません（30ページ③のケース）が、この場合であっても、同様に概ね2期分は免税事業者に戻すための制限がかかります。

　課税事業者の選択をやめる場合には「課税事業者選択不適用届出書」を、選択をやめたい課税期間の前課税期間末までに別途提出しなければなりません。

課税事業者の選択をやめられるようになったら、登録取消届出書は提出しなくてもいいんですか？

いえ、課税事業者の選択と登録事業者は一致しているわけではないので、登録申請に関しては15日前ルールが適用されます。つまり、課税事業者の選択を行った場合には、免税事業者に戻す**課税期間の初日から15日前までに登録取消届出書を提出しておかなければならない**んです。

先生、難しすぎますよ！！

ここでのまとめ

☑ 登録事業者が登録を取りやめる場合には、取りやめたい課税期間の翌課税期間の初日前15日前に登録取消届出書を提出しなければならない。

☑ 課税事業者の選択を行い、課税事業者になったうえで登録申請書を提出した場合には、課税事業者になった課税期間から2期間は免税事業者になることが制限される。

適格請求書発行事業者の登録の取消しを求める旨の届出書

収受印			
令和　年　月　日		（フリガナ）	カナガワケンハダノシトガワ×××－×
	届	納　税　地	（〒259－1306） 神奈川県秦野市戸川×××－× （電話番号　0463－111－3333）
	出	（フリガナ）	クロウサ　ウサト
		氏　名　又　は 名　称　及　び 代表者氏名	クロウサ　ウサ斗
平塚　税務署長殿	者	法　人　番　号	※ 個人の方は個人番号の記載は不要です。
		登　録　番　号	T 876543210 9876

　下記のとおり、適格請求書発行事業者の登録の取消しを求めますので、消費税法第57条の2第10項第1号の規定により届出します。

> 提出が遅れた場合には、記載日の翌年まで取り消されないので注意！

	令和　8　年　1　月　1　日
登録の効力を失う日	※ 登録の効力を失う日は、届出書を提出した日の属する課税期間の翌課税期間の初日となります。 　ただし、この届出書を翌課税期間の初日から起算して15日前の日を過ぎて提出した場合には、翌々課税期間の初日に効力を失うこととなります。 　登録の効力を失った旨及びその年月日は、国税庁ホームページで公表されます。
適格請求書発行事業者の登録を受けた日	令和　5　年　10　月　1　日
参　考　事　項	
税　理　士　署　名	（電話番号　　－　　　－　　　）

※税務署	整理番号		部門番号		通　信　日　付　印 年　月　日	確認

46

7　インボイスには何を記載したらいいの？

インボイスには何を書いたらいいんだろう？

　インボイス制度は、**取引の際にやり取りした消費税額をお互いが正確に把握するための制度**です。そのため、記載内容が厳密に定められています。まずは、自社の請求書と比較して修正すべき部分を確認しましょう。

しろうさ商店で発行している請求書

令和4年4月10日

請求書

ブラウンカフェ様

東京都渋谷区上原××
株式会社しろうさ商店

商　　品	単価	個数	金額
キッチンペーパー	120	5	600
にんじん（8%）	80	20	1,600
合計（8%税込）　　軽減税率			1,600
合計（10%税込）			600

うちは食料品を販売しているので**軽減税率**（けいげんぜいりつ）（93ページ）のものと**標準税率**のものは分けて計算しています。軽減税率が導入されたときに先生に教えてもらったとおり、どれが軽減税率の対象の商品かわかるようにしてあります。

そうでしたね。これは、「**区分記載請求書等保存方式**」という
簡便的な記載方法です。インボイスが導入される前までは、こ
の方法が引き続き適用されます。

区分記載請求書等保存方式とは？

インボイス制度が導入されるきっかけは、2019（令和元）年に消費税の
軽減税率が導入されたことです。

これ以前の消費税は単一税率であったため、請求書に消費税に関する詳
細な記載がなくても、税込金額から誰もが簡単に割り戻して消費税額を算
定することができたのですが、2つの税率が使われているため、請求書に
消費税の計算に関する事項が記載されていないと割戻しの計算もできませ
ん。そこで、消費税額を明確にしたインボイス制度が導入されることと
なったのですが、本格的な導入までの準備期間として、**2023（令和5）年
9月30日**までは、簡便的な方法である**区分記載請求書等保存方式**による請
求書の作成が義務付けられました。

区分記載請求書等保存方式による請求書の記載事項の記載事項

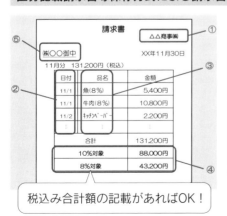

① 区分記載請求書等発行者の
氏名又は名称
② 取引年月日
③ 取引内容（軽減税率対象品
目である旨）
④ 税率ごとに区分して計算し
た対価の額（税込み）
⑤ 書類の交付を受ける事業者
の氏名又は名称

税込み合計額の記載があればOK！

（出典：国税庁「消費税軽減税率制度の手引き」令和3年8月版）

インボイスの記載事項

　インボイスには、これらの記載事項に加えて**①税率ごとに区分した消費税額**と**②その請求書を発行する事業者の登録番号**を記載しなければなりません。

インボイスの記載事項

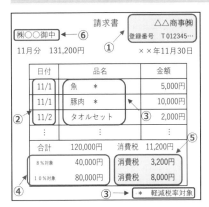

① 適格請求書発行事業者の氏名又は名称及び登録番号
② 取引年月日
③ 取引内容（軽減税率対象品目である旨）
④ 税率ごとに区分して計算した対価の額（税抜き又は税込み）及び適用税率
⑤ 税率ごとに区分した消費税額等
⑥ 書類の交付を受ける事業者の氏名又は名称

（出典：国税庁「消費税軽減税率制度の手引き」令和3年8月版）

うちは、これまでの請求書に**消費税額と登録番号**を書き加えたらいいですよね。

はい、消費税額の書き方は内税でも外税でもいいので、今の税込金額の記載のままで、消費税額を加えるだけでも大丈夫ですよ。

ところで、請求書の書き方はわかったんですが、スーパーで発行するレシートもこの6つの内容が記載されていないといけないんですか？

スーパーのように不特定のお客さんに販売する業態では記載事項の一部を省略できるんです。これは「適格簡易請 求 書」といって、簡易版のインボイスとされているんです。

レシートの発行は適格簡易請求書で

スーパーのように不特定多数の顧客に商品等を販売するような業態では、相手方の氏名や取引条件などを事前に確認しないため、「**書類の交付を受ける者の氏名又は名称**」を記載する必要はありません。

また、消費税の記載についても、**適用税率が記載されていれば税額部分を省略**することも可能です。

適格簡易請求書の例

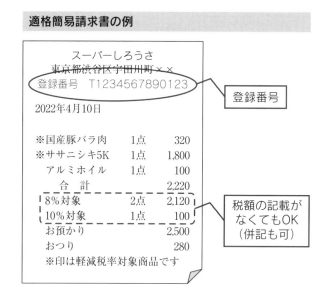

今までのレシートに登録番号を記載しておけば簡易版のインボイスになるんですね。

そうですね。簡易インボイスが適用できるのは、以下のような事業者です。

【簡易インボイスが利用できる業種】

　①小売業　②飲食店業　③写真業　④旅行業　⑤タクシー業

　⑥駐車場業　⑦その他

インボイスの端数処理

　これらのインボイスに記載する消費税額の計算では、**合計欄で1回だけ消費税額を計算し、1円未満の端数処理を行います。**1つの商品ごとに税率を乗じて端数処理したうえで、合計欄で消費税額を合計する方法は認められません。

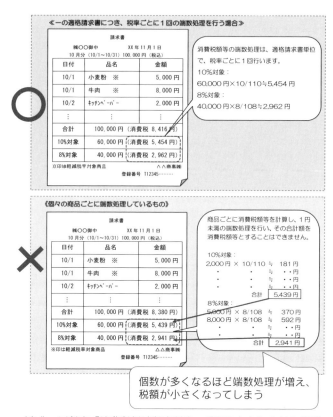

（出典：国税庁「消費税軽減税率制度の手引き」令和3年8月版）

ここでのまとめ

☑ インボイスは6つの記載事項がある。

☑ 不特定多数の顧客に販売する業態では適格簡易請求書
（簡易インボイス）の発行も。

8　インボイス登録事業者の義務って？

適格請求書発行事業者の義務

　適格請求書発行事業者（登録事業者）になったらどういう義務があるのでしょうか？実は**インボイスの発行を含めて4つの義務**があります。

登録事業者の4つの義務

① インボイスの交付義務

　取引の相手方（課税事業者）の**求めに応じて**、インボイスを交付する義務

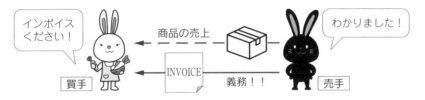

② 適格返還請求書の交付

　返品や値引きを行う場合に、適格**返還**請求書を交付する義務

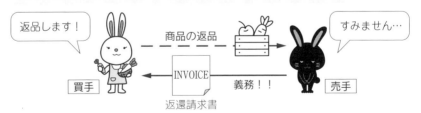

③ 修正した適格請求書の交付義務

交付したインボイスに誤りがあった場合に、修正したインボイスを交付する義務

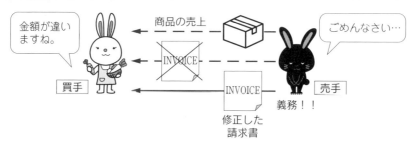

④ 写しの保存義務

交付したインボイスの写しを保存する義務

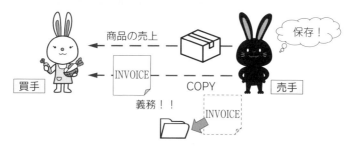

 インボイスは必ず発行しないといけないわけでもないんですね。

 はい、一般消費者などレシートがいらない人もいますし、**必要な人にだけ発行する義務がある**ということなんです。

 それじゃあ、消費者向けの事業だったら用意しなくてもよさそうですね。

いえ、消費者向けの事業を行っていても、買手側が仕入で購入に来ているかどうかは、売手側からはわからないので、インボイスを発行できるレジなどが用意できない場合でも手書き用の領収書を用意して、いつでも発行できるようにしておく方がいいですね。

インボイス対応のレジがない場合

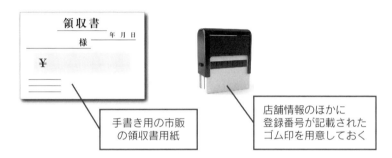

手書き用の市販
の領収書用紙

店舗情報のほかに
登録番号が記載された
ゴム印を用意しておく

適格返還請 求 書（返還インボイス）の発行

インボイスは売上の場合だけ用意すればいいわけではなく、返品や値引きなどを行った場合も、その都度**適格返還請求書（返還インボイス）**を発行しなければなりません。これまでは、取引時に担当者とのやり取りだけで行われた値引きなどもきちんと書面に残さないといけないのです。

これってすべての返品や値引きに必要なんですか？

税込１万円未満の取引については不要です。売上の入金をしてもらう際に振込手数料分を値引きしたときなどは出さなくて大丈夫ですよ。なお、その場合には消費税の分類も「**売上返還**」で処理してくださいね。

返品はきちんとマイナスの伝票を起こすので、請求書に反映させていますが、例えば掛売りのお客さんの振込金額が足りなかったときなどに、おまけしちゃうこともあるんですよね。

ありますよね。少額であれば問題ないんですが……　商売はつきあいあってのものだし、私もそれは絶対に悪いことだとは思わないんですが、これからはそういったやり取りがあると書面のやり取りが煩雑になってしまうから、**お互い書面のとおりのやりとりを徹底した方がいい**と思いますよ。

うーん、難しい時代になりましたね。

　返還インボイスも通常のインボイスと同様に、事業者番号や消費税額といった記載事項が定められています。

　しろうさ商店のように、毎月掛売りで商品を納品するような場合には、**継続適用を要件に**当月の請求書に前月の返品分等も記載し、**1枚の請求書で返還インボイスも兼ねて発行することも可能**です。

原則的な返還インボイスの記載事項

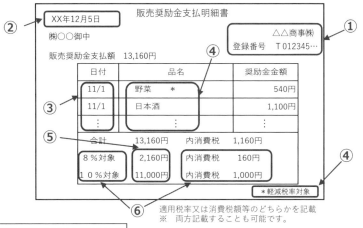

販売奨励金支払明細書

② XX年12月5日

㈱○○御中

① △△商事㈱
登録番号　T 012345…

販売奨励金支払額　13,160円

日付	品名	奨励金金額
11/1	野菜　　＊	540円
11/1	日本酒	1,100円
⋮	⋮	⋮

③

⑤ 合計　13,160円　内消費税　1,160円

| 8％対象 | 2,160円 | 内消費税 | 160円 |
| 10％対象 | 11,000円 | 内消費税 | 1,000円 |

④ ＊軽減税率対象

⑥ 適用税率又は消費税額等のどちらかを記載
※　両方記載することも可能です。

適格返還請求書の記載事項

① 適格請求書発行事業者の氏名又は名称及び登録番号
② 対価の返還等を行う年月日
③ 対価の返還等の基となった取引を行った年月日※
④ 対価の返還等の取引内容（軽減税率の対象品目である旨）
⑤ 税率ごとに区分して合計した対価の返還等の金額（税抜き又は税込み）
⑥ 対価の返還等の金額に係る消費税額等又は適用税率

※　③については、対価の返還等の処理を合理的な方法により継続して行っているのであれば、「前月末日」や「最終販売年月日」をその取引を行った年月日として記載することも可能です。また、「〇月分」などの課税期間の範囲内で一定の期間の記載も可能です。

（出典：国税庁「適格請求書等保存方式の概要―インボイス制度の理解のために―」令和4年7月）

1枚の請求書に返還分もまとめる場合

請求書

㈱○○御中　　　　　　　XX年12月15日
　11月分　98,300円（税込）
　　　　　（11/1～11/30）

日付	品名	金額
11/1	オレンジジュース　※	5,400円
11/1	ビール	11,000円
11/2	リンゴジュース　※	2,160円
：	：	：
合計	109,200円（消費税9,200円）	
10%対象	66,000円（消費税6,000円）	
8%対象	43,200円（消費税3,200円）	
値引き額		
10/12	リンゴジュース　※	1,080円
：	：	：
合計	10,900円（消費税900円）	
10%対象	5,500円（消費税500円）	
8%対象	5,400円（消費税400円）	
請求金額	98,300円	

※は軽減税率対象商品

　　　　　　　　　　　　△△商事㈱
　　　　　　　　　　　　登録番号
　　　　　　　　　　　　T1234567890123

「当月の売上代金から前月の売上値引き代金を控除した金額」及び「その控除した金額に基づき計算した消費税額等」を税率ごとに請求書に記載することも可能です（取引先ごとの継続適用が必要となります）

（出典：国税庁「適格請求書等保存方式の概要―インボイス制度の理解のために―」令和4年7月）

こういう請求書なら、値引きした分も次の月の請求書に一緒に記載できますね。うちもこの形に変更してみます。

修正したインボイスの発行

　交付したインボイスに誤りがあった場合には、修正したインボイスを発行することも義務となっています。

　これまでみたいに、電話で確認して、請求書を書き直す、といった**口頭の確認処理だけで終わらせてはいけない**ということですね。

なお、インボイスの修正は、訂正したものを出し直す形でも、修正内容を記載した文書を作成する形でもどちらでも可能です。

インボイスの修正

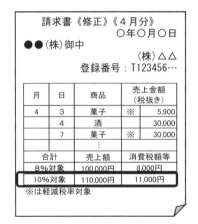

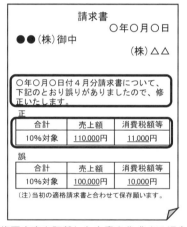

修正したものを出し直す場合　　　　　修正内容を記載した文書を作成する場合

インボイスは何年保存するの？

登録事業者は、交付したインボイスのコピーを、**交付した日の消費税の申告期限から7年間保存**しなければなりません。

インボイスの保存期間

インボイスは必ず原本のコピーで保管しないとダメなんですか？？
スーパーの方は毎日何百枚もレシートを発行しているんですが…

いえ、現物のコピーじゃなくても同様の内容の記載があればいいので、レジジャーナルなどでも代用できますよ。

ああ、よかった。それじゃあ、いままで通りレジジャーナルを保管しておけばいいんですね。

【インボイスのコピーに代用できるもの】

①レジジャーナル、一覧表、明細表など（インボイスの記載事項が確認できるもの）

②請求書を会計ソフトなどを使って交付した場合のソフトの入力データ（PDF などで出力しなくても、ソフト上で確認できれば OK）

③デジタルインボイスを交付した場合のそのデータ（224 ページ参照）

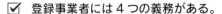

ここでのまとめ

- ☑ 登録事業者には4つの義務がある。
- ☑ 値引きや返品、修正があった場合もその内容のインボイスを発行しなければならない。
- ☑ インボイスはコピーを7年間保管しなければならない。

いろいろ教えていただき、ありがとうございました。
なんとなく、大変そうだと思っていたけど、聞いてみると今の
請求書のやり取りに少しだけやることが増えるくらいで済みそ
うですね。

インボイスはこれまで商習慣でやっていたようなこともすべて
書類に起こしていかないといけなくなるので、これからは、よ
り書類に則ったやり取りに変わっていくってことなんですよね。

インボイスは「売手が買手に正確な適用税率や消費税額を伝え
る手段」ですものね。
消費税の処理がわかりやすくなるという意味ではよいことなの
かもしれないけど…

これからは、インボイスの有無で申告上の計算が変わるから、
税額の影響についても考えていかないといけないですね。

はい、また次回の打ち合わせ時に、よろしくお願いします！

第**2**章

消費税のしくみと
インボイス導入後の
経理処理を理解しよう

経理のシバクロさんと
経理処理について学ぼう

- 消費税の計算構造と取引分類方法を理解しよう。
- インボイス制度導入によって、消費税の計算がどう変わるのか確認しよう。
- 軽減税率について理解しよう。
- 日々の経理処理について理解しよう。

この章の相談者

シバクロさん　株式会社シバシステムの経理担当

> インボイス制度が始まったら、経理処理って大変なんですか？

【プロフィール】
- 創業3年目、社員20人からなるシバシステムのバックオフィス全般を担当。会社の上場準備業務にあたり日夜大忙しの日々。
- 前職から転職後、担当を引き継いでまだ日が浅い。
- 理系出身のため、論理的理解ができないと対応が考えられないと常々思っている。

プロローグ　**消費税の処理が大変みたい**

 インボイスの登録申請は終わっていますし、準備は万全ですね。

 はい、社内のシステム関係はベンダーさんとも話を進めていますし、問題ないと思うんですが…

 何か不安なこと、ありますか？

 今回の新制度でかなり経理処理も変わるらしいって聞いたんですが、私がまだあまり消費税について理解していなくて…

 確かにインボイス制度が始まると経理処理が少し複雑になりますし、消費税の仕組みから理解する必要がありますね。
それに、シバクロさんは、まだ引き継いだばかりですもんね。

 弊社の場合、外部のエンジニアも多いので今後どう対応すべきかも気になります。

 では、少し消費税の基本から今後の対策までご説明しますね。

消費税ってどうやって計算するの？

消費税額は売上の税額と仕入の税額の差引で計算する

まずは消費税の計算構造から確認しましょう。

第1章で確認したように、消費税は売上の消費税から仕入の消費税を差し引いて計算します。再度同じ図（11ページ参照）でみていきましょう。

消費税の仕組み

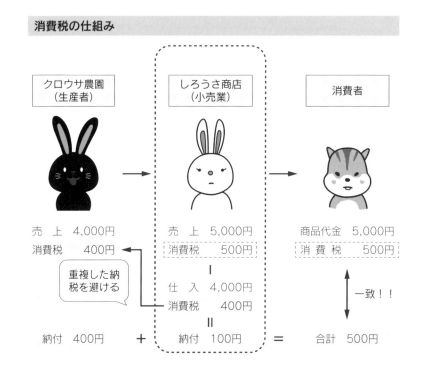

 すべての事業者がこのように売上の消費税から、仕入の消費税を差し引いて納税額を求めたらいいということですよね？

そうなんです。この仕入を差し引く制度を**仕入税額控除**というんですが、これを行うには**すべての仕入について、証拠となる請求書や領収書をベースに計算しなければならない**こととなっているのです。具体的には次のように求めます。

消費税の計算方法

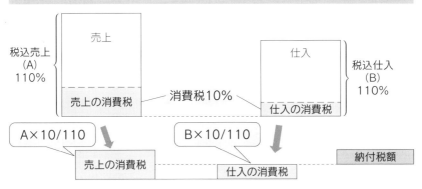

納付税額の計算

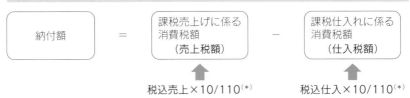

（＊）実際の計算は国税分（7.8％）と地方税分（2.2％）を分けて計算しますが、ここでは計算を簡単にするため、税額を10％で計算しています。

この消費税額の計算はその課税期間の**売上や仕入の年間合計額**から計算します。

売上や仕入の年間合計額というのは、税務署に提出している決算書の売上や仕入ですか？

いえ、実は経理処理上の売上や仕入と、消費税の計算の売上と仕入は考え方が違うんです。

消費税における売上や仕入

消費税の計算で用いる売上や仕入は、簿記などでいう一般的な売上や仕入でなく、**事業における収入や費用全般**を指します。具体的には、以下のような違いがあります。

売上と仕入の概念の違い

	簿記	消費税
売上	お客様に対する商品の販売やサービスの提供時にもらう代金	・商品の販売代金など簿記上の売上 ・社宅の家賃など事業に付随して発生する収入 ・固定資産の売却代金
仕入	販売する商品代金や販売目的の商品を作るための材料の購入代金	・商品代金など簿記上の仕入 ・水道光熱費や消耗品費などその他の経費 ・固定資産の購入代金

消費税ではいろいろなものが売上や仕入になるんですね。

そうなんです。しかも、売上や仕入の中には消費税が課税されているものと課税されていないものがあるんです。

そうなんですね。それはどうやって集計すればいいんですか？

仕入税額控除を行うにはまず帳簿の作成を

事業を行うと一年間にさまざまな取引を行います。事業に関する所得税

や法人税などの税金の計算はこうした取引について、**簿記を使って帳簿を作成したうえで計算**することになっています。

　消費税の計算も同様に、**一取引ごとに課税取引なのかそうじゃないのかを分類**し、帳簿を作成しなければならないルールになっています。こうして作成された帳簿のデータを元に、売上や仕入を集計し、計算式に当てはめ、税額の計算を行います。

消費税の具体的な計算方法

分類結果を 帳簿に記載	集計し、 算式に当てはめ 税額計算	申告書

わん！ポイント　【取引とは？】

　　事業における売上や経費の支払いなどを指す。つまり、一取引とは、一枚の請求書や領収書に表されたお金のやり取りと考えるとわかりやすい。消費税では、請求書や領収書と、帳簿上の一取引をワンセットとして、取引における分類を帳簿に記載したうえで、その分類根拠として請求書や領収書の保存を義務付けている。そのため、無料の取引など金額がつかない取引は原則的には計算対象としていない。

　このときに、消費税が課税されている売上を「**課税売上げ**」、仕入を「**課税仕入れ**」といいます。

消費税の計算には帳簿を必ず作成しないといけないんですか？

 はい、厳密にいうと、**仕入税額控除**（67 ページ参照）**を受けるための要件**です。具体的には、下記のような要件があるんです。

仕入税額控除を受けるための帳簿の要件

　仕入税額控除を行うには、**下記の事項が記載された帳簿を保存**しなければなりません。仕入があれば、その分納税する際の納税額が減少しますから、これを証明する際の証拠が必要となるためです。また、帳簿のほかに、記載された内容を証明するための**請求書や領収書の保存**も必要です。

帳簿の記載事項

① 課税仕入れの相手方の氏名又は名称
② 課税仕入れを行った年月日
③ 課税仕入れにかかる資産又は役務の内容
　（軽減対象資産の譲渡等に係るものである旨）
④ 課税仕入れに係る支払対価の額

【帳簿の記載例】

総勘定元帳（仕入）（税込経理）				
××年 月　　日	適用		税区分	借方 （円）
11　30	△△商事(株)	11 月分　日用品	10 %	88,000
11　30	△△商事(株)	11 月分　食料品	8 %	43,200
②	①	③		④

【仕入税額控除の要件】

① 法定の記載事項を記載した帳簿を備付けている。

② その課税仕入れに係る請求書や領収書などを保管している。

仕入税額控除の要件

| 法定の記載事項が記載された帳簿 | ＋ | 証拠となる請求書等 |

＊請求書等の記載要件については49ページ参照

この請求書等がインボイス制度導入と同時にインボイスの保存に変更されます。
現行の請求書とインボイスでは、記載内容が多少増えるだけの違いなので、「**帳簿と請求書等がセットで必要**」と押さえてもらえればいいと思います。

なるほど。単に計算ができればいいというものでもないんですね。

ここでのまとめ

☑ 消費税は課税売上げと課税仕入れを集計し、算式に当てはめ計算する。

☑ 消費税における売上や仕入は収入や経費。そのうち課税されるもの課税されないものがある！

☑ 帳簿の備付けと請求書や領収書の保存は、仕入税額控除の要件。

71

2 取引分類ってどうやるの？

課税取引はどのように探したらいいのだろう？

　消費税の計算を行うには、**帳簿の入力を行う際、課税取引に該当するかど**うかを取引ごとに分類していかなければなりません。では、課税売上げや課税仕入れはどのように見つけていったらよいのでしょうか？

> 実際に消費税が課税されるかどうかはいくつかの判定基準があるんです。
> 取引の分類に関する全体像は、このようになります。

課税取引の判定

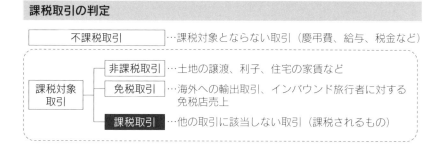

まず、課税の対象を絞ろう

　取引には、**消費税の計算の対象に含まれる取引と含まれない取引**がありま**す。税金は、何に対して課税するかを法律で定めた上で課税**しなければ公平ではないため、いったん**消費税の対象とする取引の範囲**を定めないといけないのです。これを**「課税の対象」**といいます。それでは、消費税は何を

課税の対象としているのでしょうか?

消費税なんで、「**消費**」ですか?

そうなんです、消費です。だから、まず**消費にならなければ税金は課税できない**というわけです。

消費にあたらない取引を「**不課税取引**」とか「**課税対象外取引**」というふうにいいます。

消費にならない取引の例

慶弔費

税金の還付金

賃貸契約の敷金

保険金

消費っていったいなんだろう?

　消費税は、消費に対して課税される税金であり、**法律上の消費に該当する行為を課税対象**としています。

「消費」って、なんとなくわかりそうで、わからない言葉ですよね。

そうですね。単純に言うと、**物を食べたり、飲んだり、使ったり**することによって、それらの価値がなくなることをいうんです。

消費とは？

食べる

飲む

使う

確かに香典やご祝儀などの慶弔費などは、消費とは言えなそうですね。でも、消費って行為ですよね？それに対して税金をかけるって難しくないですか？

そうなんです。だから、消費の中でも、**消費税の対象とする消費**を決めないといけないということなんです。

課税の対象となる「消費」を確認しよう

いくら消費を行っても、税金である以上は**お金のやり取りがなければ課税できません**。このように、消費行為の中から、税金計算上の対象となる行為を課税の対象として法律で定めています。具体的には、以下の4つの要件に該当するものを「**消費税の課税の対象となる取引**」としています。

【課税の対象の4要件】
1. 国内において行うものであること
2. 事業者が事業として行うものであること
3. 対価を得て行われるものであること
4. 資産の譲渡や貸付け、役務（サービス）の提供であること

課税の対象の4要件

国内で

事業として

対価の授受がある

下記の行為に該当する

資産の譲渡

資産の貸付け

サービスの提供

　たとえば、海外旅行の際に食事をしたり、現地のホテルに泊まっても日本の税金を課税することはできません。また、フリマアプリなどでの個人の不用品の売買や無料サービスなどの無償取引でも税金を課税できません。このように、これらの4つの要件のうち、**1つでも該当しない要件があれば、消費税を課税することができない**のです。

取引分類をする際は、まずこの4つの要件に当てはめて、すべて満たすかどうかを確認します。
すべて満たす取引が課税対象取引となるんです。

なるほど、でも、**課税対象取引の中にも消費税がかからないものもある**んですよね？

課税対象取引だけど課税取引にならないもの

　課税対象取引の中には、消費税がかからない取引もあります。

これは、課税の対象の範囲には含まれる取引であっても、**法律であえて税金がかからないようにしている**以下の取引です。

　・**非課税取引**…課税対象に含まれるものの、政策的な配慮などの理由で税
　　　　　　　　　金を課さないこととされたもの
　・**免税取引**…本来は課税取引であるものの、一定の手続きを行うなどの
　　　　　　　　　条件を付すことで税金を免除することとした課税上の措
　　　　　　　　　置

うーん、なんだか難しいですね。

具体例を見るとイメージできると思いますよ。
まず、非課税取引ですが、たとえば病院の薬代とか、家の家賃
とか教科書代とか、**生活上、なくてはならない取引**というイ
メージです。

非課税は生活になくてはならない費用

　非課税取引に該当するものは、法律に列挙されていて、具体的には以下
のようなものがあります。これらは、**生活面への配慮が必要なものや、そも
そも価値の減少がないため消費税の対象とすることになじまないもの**です。
　しかし、課税の対象の要件による分類では課税対象に含まれてしまうた
め、**具体的な項目を挙げ、消費税を課さないこととしている**のです。

【非課税取引となるもの】

・土地の譲渡や貸付け　　・株や債券の譲渡　　　・預金などの利息

・切手や印紙などの販売　　・住民票の発行などの行政手数料

・社会保険医療　　・介護保険法に基づく介護サービス費用

・出産費用　　・火葬料

・車いすなどの障害者用物品の販売や貸付けなど

・学校の授業料や教科書の販売（法律に基づくもの）　　・住宅の貸付け

なるほど。病気になったら病院に仕方なく行かなければならないし、家も持ってなかったら借りないといけないですものね。

そうなんですよ。ただ、こうしたものは個別に考えていかないといけない問題なので、具体的に項目を挙げて、「これを非課税とします」といっているわけです。

免税取引は消費地で考える

次に免税取引をみていきましょう。免税取引は、非課税取引と異なり、取引そのものは本来課税取引となるような取引ですが、手続きの要件や必要書類の保管など**ある一定の基準を満たす場合だけ例外的に消費税を免除している**ものです。

外国人旅行者に対するインバウンド取引をイメージするとわかりやすいです。
家電量販店でシバクロさんがスマホを購入しても消費税はかかりますが、外国人旅行者のひとが免税カウンターで購入したら免税になりますよね？

免税取引

税込み11万円！

課税取引

一般の買い物客

免税10万円

免税取引

外国人旅行者

たしかにそうですね。非課税と違って、購入する物そのものは変わらないのに「**外国人旅行者が、免税カウンターで買った**」という条件のときだけ免税になるということですね。

そういうことです。実は、この免税店になるのも税務署の許可を取る手続きが必要ですし、免税カウンターでは購入者と書類を交わさないといけないこととなっています。
そうした手続きがすべてできている場合だけ消費税が免除されるんです。

免税取引は、こうした免税店での取引のほかに、海外への商品の輸出や海外の事業者へのサービスの提供、ライセンス料の受領など、**海外への売上が立つような取引**について、一定条件を定めた上で、免税としています。

なんで、輸出の場合だけ免除されるんですか？

消費税はもともと「**消費地課税主義**」という考え方があるんです。日本で消費されないんだから日本で消費税がかからないようにする必要があるということです。

それに、貿易は**国際比較の問題**があるんです。同じ商品を輸入するのに、税金分値段が高くなる国と、ならない国だったら税金のかからない国から輸入したくなりますよね？
だから、輸出品に消費税をかけてしまうと、**取引相手に日本の企業が選ばれなくなってしまう可能性**があるんです。
こうしたところに配慮する必要があるというわけなんです。

課税取引は最終的に残ったもの

　ここで、取引の分類をまとめると、取引分類は次のように3つのステップで判定します。

取引分類のまとめ

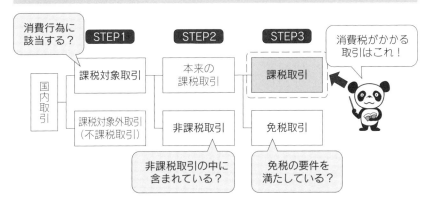

3つのステップで順番に判定していけばいいんですね。
非課税や免税は特殊だから、慣れたら簡単に分類できそうですね。

ここでのまとめ

☑ 課税取引は3つのステップで判定する。

☑ 課税の対象の4要件や非課税取引、免税取引になるものを押さえよう。

3 消費税の計算の元になる金額は？

消費税の税額は対価をベースに求める

取引の分類方法がわかったところで、もう一度消費税の計算をみていきましょう。消費に該当する行為であったとしても、税金を計算するためには、**その計算元となる金額が決まらなければ税金が計算できません**。消費税では、税額計算の元となるものを「**対価**」といい、それを金額で表したものを「**対価の額**」といいます。

インボイスには消費税額を記載しなければなりませんから、対価の額の考え方をしっかり理解しないと**正しいインボイスが発行できません**。

 対価って、取引分類の4要件のところに出てきた言葉ですよね？

 そうなんです。無償ではない、ってことでしたよね？
ですから、一般的にはもらったお金が対価となるんですが…

 違う場合もあるんですか？

 はい、実はお金じゃない場合もあるんです。

現金以外が対価となる場合もある

「**対価**」とは、お金のほかに**物や権利**などのケースもあります。

例えば、車を購入する際に、これまで乗っていた車を下取りに出せば下取り車の価値の分、残金の支払い額は減額されます。これは、**お金だけでなく、下取り車自体も「対価」であると捉えられている**からです。

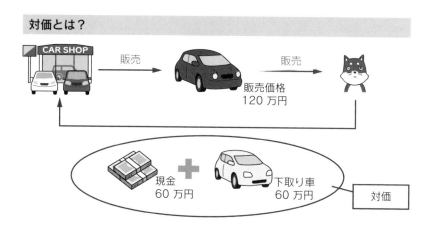

対価とは？

販売　販売価格 120万円

現金 60万円　＋　下取り車 60万円　対価

このときに、車の代金 120 万円のうち、現金で支払ったのは 60 万円だったとしても、この車の販売代金が 60 万円に下がるわけではないですよね？

そうですね。**あくまで、120 万円が販売代金**でその支払の一部を下取り車の価値で充ててるというか…

先に中古車屋で旧車両を 60 万円で売って現金を作ってから、120 万円で新車を買いにいったと考えるとわかりやすいですよね。

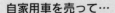

自家用車を売って…

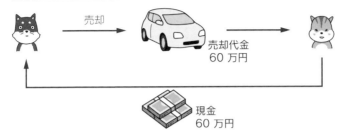

新車を購入

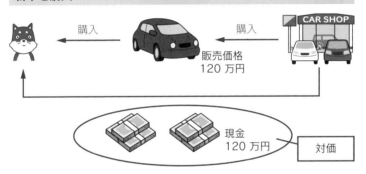

こっちの説明の方がわかりやすいですね。そうか、対価が物でもいいって考えないと、販売代金が変わってしまうってことになるんですね。

このときに、シバクロさんが CAR SHOP の立場で消費税の計算を行おうとしたら、**新車の販売代金と対価**のどちらに着目しますか？

え？同じ金額ですよね？？
どちらかといわれると、販売代金が 120 万円だから 120 万円が税金の対象ということなんじゃないんですか？

同じ金額になったのは、下取り車の査定額を 60 万円としたからですよね？

現金がそのままで、下取り車の査定額を 50 万円としたら、どうでしょう？

査定額が 50 万円だった場合

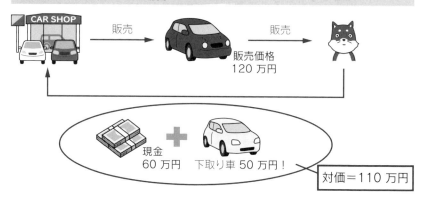

んっ？？

120 万円の車を 110 万円で売ったことになりますよね？

おかしくないですか？

いいえ、一見損しているように見えますが、車の販売価額なんて、営業さんの裁量で値引きできますよね？

あ、確かにそうですね。契約時に渋っていたりすると、どんどん値引きしてくれたりしますね。

そうなんです。だから、販売価額なんて不確定な金額だと税金の計算ができないんです。

そこで、消費税は、対価（実際に受領した金額）の方に着目して、**対価の額に消費税率をかけて税金の計算を行う**んです。

請求書の計算

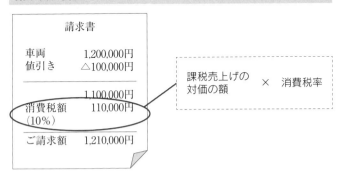

請求書

車両	1,200,000円
値引き	△100,000円
	1,100,000円
消費税額 （10％）	110,000円
ご請求額	1,210,000円

課税売上げの対価の額　×　消費税率

立替部分があった場合にはどうするの？

　このときに、請求金額の中に**立替金**があったら、どのように考えればいいのでしょうか？

たとえば車を購入する際は、自動車取得税などの税金や自賠責保険料、陸運局への登録費用などの車の代金以外の費用がかかります。

税金は、消費税の対象ではないですよね？保険料や行政手数料は先ほど非課税の項目（77ページ）にもありましたね。

そうなんです。これらの費用は、車の代金とは関係ない個別の費用を、登録手続きをしてくれた販売店が立て替えて支払ってくれただけですから、実際の支払先は販売店ではなく、役所や保険会社になるのです。

　こうした立替金は、販売店の売上になるものではなく、車の販売そのものとは別の取引と考えます。そのため、**請求金額の中に立替金部分が含まれていたら、これらを除いた金額を対価として消費税額を求める**必要があります。

立替金がある場合

請求書

車両	1,200,000円
諸費用立替	129,270円
自動車所得税	36,000円
自動車税	30,500円
自賠責保険料	27,770円
登録手数料	35,000円
消費税額（10%）	120,000円
合計	1,449,270円

立替部分は除いて
消費税を計算します

<ruby>源泉所得税<rt>げんせんしょとくぜい</rt></ruby>がある場合にはどうするの？

　フリーランスの人の請求の場合、請求金額から**源泉所得税**を差し引いて支払うケースがあります。

　こうした場合には、**源泉所得税を差し引く前の金額**で消費税額を計算します。なぜなら、源泉所得税は報酬を受け取った側の人が本来支払うべき**所得税の前払税金**だからです。

　実際に確定申告するときに、**申告書上で納付税額と相殺**しますから、税金の分もきちんと利益は得ていることになるんです。

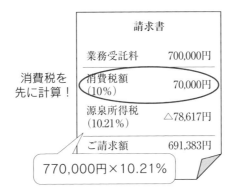

消費税を
先に計算！

請求書	
業務受託料	700,000円
消費税額 （10%）	70,000円
源泉所得税 （10.21%）	△78,617円
ご請求額	691,383円

770,000円×10.21%

なるほど。下取り車と同じように差し引かれた源泉分も利益を得ているから対価なんですね。

消費税込みの請求額から源泉所得税を計算すると覚えると間違えがないです。

例外的に、税抜の金額から源泉所得税を計算することも認められていますが、慣れてない場合には「**先に消費税を計算する**」と覚えるとわかりやすいですよ。

ここでのまとめ

☑ 消費税額は対価をもとに計算する。対価とは、相手からもらったもの。

☑ 立替金があるときや源泉所得税がある場合の計算方法を押さえよう。

4 課税仕入れはどう分類するの？

課税仕入れを見つけるのは誰の仕事？

ところで、仕入側はその取引が消費税の課税仕入れであるかどうかをどのように判定したらよいのでしょうか？

 請求書を見たらわかるんじゃないでしょうか？売上側が課税取引だと判断していれば消費税が書いてあるはずだし…

 いえ、これまでは請求書に消費税額を記載することは義務づけられていませんでしたよね？

 たしかに。それじゃあ、課税仕入れになるかどうかは、仕入側が自分で考えないといけないんですか？

 そうなんです。**現状では仕入側が自分で課税仕入れに該当する取引かどうかを判断しなければならない**んです。

　これまでの消費税の法律では、**請求書に消費税額を記載することが義務づけられていませんでした**。そのため、仕入側は請求書の内容に応じて、課税仕入れを分類しなければならなかったのです。

　その取引が課税仕入れになるかどうかは、**売上側の立場であった場合に課税売上げとすべきか**という観点で、❷の分類基準に従って分類します。

請求書を見ても…

システム使用料の請求書だから、4要件満たすし、非課税でも免税でもないから、これは課税仕入れだな。1万円が消費税だ！

【課税仕入れとは？】
　売上側が課税売上げとすべき取引が仕入れ側の課税仕入れ

インボイスがあれば課税取引は判定不要

　それなら請求書にひとこと消費税額を書くようにしておいてくれたら、仕入側も困らないですよね？　実はそれも**インボイスの目的のひとつなん**です。

　インボイス制度では、**消費税額を記載する**ことが義務づけられたから、仕入側で消費税がかかっているのかどうかを確認しなくてもよくなるのです。**消費税額の記載があれば課税仕入れになる**というわけです。

最近はアプリの利用料などで、海外のものも多くて、実際判断に困るものもあったんですよね。それなら経理処理が楽になりそうですね。

消費税の有無がわからなかったら…

課税？

カード明細

アプリ利用料
900

インボイスの発行は**登録事業者の義務な**ので、なかったら発行してもらうよう問い合わせましょう。

インボイスがあれば、経理処理は簡単になる?!

　インボイス制度が導入されれば、消費税額の記載が義務化されるので、ぐっと経理処理が楽になりそうです。ところが、実際は今以上に複雑になる可能性もあるのです。

インボイスは、登録事業者が持つ番号が有効な状態で発行されたものでなければ、仕入税額控除の対象とはなりません。
そのため、実は**受け取ったインボイスが登録番号の有効な期間に発行されたものであるのか確認したうえで経理処理**しないといけないのです。

インボイスをもらったら…

　国税庁のサイトで登録番号を検索し、登録番号が取引日において、有効な番号であるかどうかを確認する。

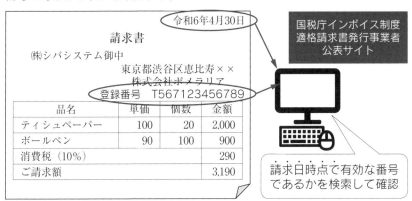

請求書

㈱シバシステム御中

東京都渋谷区恵比寿××
株式会社ポメラリア
登録番号　T567123456789

令和6年4月30日

品名	単価	個数	金額
ティシュペーパー	100	20	2,000
ボールペン	90	100	900
消費税（10%）			290
ご請求額			3,190

国税庁インボイス制度
適格請求書発行事業者
公表サイト

請求日時点で有効な番号
であるかを検索して確認

え？全部ですか？そんなのムリですよ…
だって、請求書だけではないですよね？

はい、そうなんです。**社員さんの経費精算のレシートやカード決済のアプリの利用料などの料金もすべて**、登録番号の確認が必要になるのです。

え？それはいくらなんでも無理ですよー！！！
私、一人でやるんですよ？？

はい、もちろんそれはわかっています。
しかし、これは**法改正なので、やらないわけにはいきません**。
これまでとは違った経理処理が求められているため、対応が必要なのです。

う〜ん。チェック方法のマニュアルを作って考えないといけないですね。

そうですね。シバクロさん一人では難しいですから、請求書をもらった担当者がチェックする形にした方がよさそうですね。

ここでのまとめ

- ☑ 売上側が課税売上げとすべき取引が仕入側の課税仕入れ。
- ☑ インボイス制度になれば、消費税の記載が義務化！課税仕入れかどうかは、インボイスとして有効かどうかをチェックする。

5 軽減税率ってなんだろう？

消費税の税率

現在の消費税の税率は、2019（令和元）年10月1日に、**消費税率が8％から10％に改正**されたタイミングで**2段階税率**となりました。具体的には、次のとおりです。

2段階の消費税率

	標準税率	軽減税率
税　率	10％	8％
取引内容	右記以外	①　飲食料品 ②　新聞（週2回以上発行されるもので、定期購読契約に基づくもの）

軽減税率は、**食料品など一部の商品の販売**について、生活費に対する税負担を抑える目的で導入されました。

消費税は、毎日の暮らしの中で必要な物を調達する際にも負担しなければなりません。そのため、税率が上がったことで、**収入に対する生活必需品の支出の割合が高いほど、税負担率も高くなってしまう**ため、これを調整する必要が出てきたのです。

軽減税率の確認もめんどうですよね。うちの会社だと、ウォーターサーバーの水とか、会議用のお茶とか項目も少ないですが…デリバリーも分けないといけないし…

新聞も従来の配達される紙のものは対象ですが、スマホで見る電子版は対象にならなかったり、細かい点で注意が必要な項目なんですよね。

一般的な経費における例

	標準税率（10％）	軽減税率（8％）
飲食料品	・飲食店での会食代 ・出前の料金	・デリバリー料金（配達料除く） ・会議用のお茶や弁当代 ・食料品の贈答
新　　聞	・電子版の新聞の料金 ・売店等で買う場合の料金	・週2回以上配達される日刊紙等

【参考】

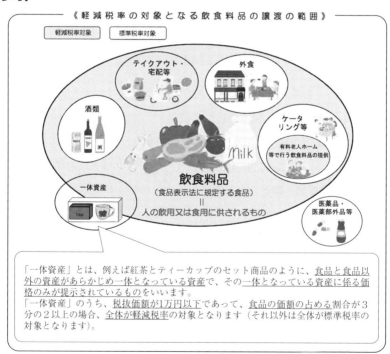

《 軽減税率の対象となる飲食料品の譲渡の範囲 》

「一体資産」とは、例えば紅茶とティーカップのセット商品のように、食品と食品以外の資産があらかじめ一体となっている資産で、その一体となっている資産に係る価格のみが提示されているものをいいます。
「一体資産」のうち、税抜価額が1万円以下であって、食品の価額の占める割合が3分の2以上の場合、全体が軽減税率の対象となります（それ以外は全体が標準税率の対象となります）。

（出典：国税庁「消費税軽減税率制度の手引き」令和3年8月版）

軽減税率は、現状でも請求書で確認がとれますよね？

はい、軽減税率の適用の有無に関してもインボイスの記載事項となっていますが、実は現状の申告書の記載要件ですでに義務付けられているんです。

インボイス制度開始前の請求書等の要件

　仕入税額控除の適用を受けるための請求書等の保存は、2019（令和元）年の軽減税率導入と同時に、下記のような軽減税率に対応した様式のものを保存することとされました。具体的には、請求の内訳のうち、①軽減税率の対象となるものに関しては対象となることが表示されていること、②税率ごとに合計した対価の額が表示されていることが要件となります。この記載方法による請求書等の保存方法を「**区分記載請 求 書等保存方式**」といいましたよね（48ページ参照）。

区分記載請求書等保存方式による請求書等

令和4年9月10日

請求書

（株）シバシステム御中

東京都渋谷[...]
株式会社しろう[...]

①軽減税率対象品目に印をつける

品名	単価	個数	金額
紅茶＊	500	2	600
ボールペン	90	20	1,800
ミルク＊	250	3	750
10%合計			1,800
8%合計			1,350
ご請求額			3,1[...]

＊は軽減税率対象品目です

①は「8%」や「軽減」というように内容がわかるように記載するほか、図のように＊や★などの印を付したうえで、これらの印が軽減税率対象であることを別途記載する方法もあります。

②税率ごとの合計額を記載する

現状はまだ消費税額の記載がなくてもよかったんでしたよね。ところで、これって、軽減税率の対象となるものがなくても税率の内訳を書かなければいけないんでしたっけ？

いえ、いらないんです。
軽減税率の適用があるときだけ、こうした対応をしなければならないだけなので、実は対象のものがなければこれまでどおり、税込金額が書いてあるだけの請求書で問題ないんです。

ということは、**インボイスが導入されるまでは仕入側で分類を考えないといけない**ということなんですね。

そうなんです。売上側の請求書の発行義務も、2023年9月30日までないので、分類がわからないから請求書をくださいと言って、もらえなかったとしても違法ではないんですよね…。

うーん、インボイスがなくても難しいんですね…

ここでのまとめ

☑ 消費税の税率は標準税率10％、軽減税率8％の2段階税率。

☑ 軽減税率の品目がある場合には区分記載請求書等保存方式による請求書を保存。

6　インボイス制度で仕入の処理はどう変わる？

仕入税額控除の要件を確認しよう

　それでは、インボイス導入後に仕入の税額計算はどうなっていくのか確認しましょう。

　まずは、これまでの要件確認の流れです。下記のように課税仕入れに該当するかどうかを、**もらった請求書や領収書の内容から判断**します。この際に、その課税仕入れについて、**帳簿に必要事項（70ページ参照）を記載したうえで保存**し、原則として、**その取引に関する請求書や領収書の保存**もしなければなりません。

これまでの仕入税額控除の要件確認

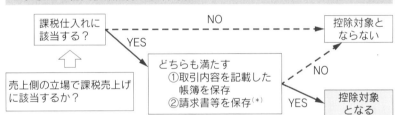

（＊）3万円未満の取引の場合及び3万円以上の取引の場合でやむを得ない事情がある場合には①だけでOK

3万円未満だと請求書等はいらないんですね。

そうなんです。ですから、アプリの利用料などの少額のものはクレジットカードの明細などで確認が取れれば、領収書がなくてもよかったんです。

インボイス制度が導入されると、まずはこの流れに**インボイスの選定作業**が加わります。具体的な作業の流れは以下のとおりです。

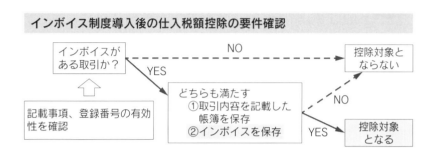

インボイス制度導入後の仕入税額控除の要件確認

なるほど、インボイスには消費税額が記載要件としてあるから、そこで課税仕入れかどうかが判断できるし、**インボイスの要件だけ確認して、OK だったものだけ控除対象として処理**すればいいということなんですね。

はい、最終的にはそうなります。

最終的には？まだなにかあるんですか？

実はインボイスがない取引についても、課税仕入れであれば、**しばらくは一部税額控除が取れる措置**があるんです…

経過措置による控除

インボイス制度導入後、取引先からもらった請求書がインボイスになっていなかったら、対象になる事業者の数や金額次第で大幅に納税額が増えてしまうことが考えられます。

　そこで、制度導入後6年間は、インボイスがない課税仕入れについて、**段階的に控除額が減る経過措置**が取られています。

経過措置による控除額

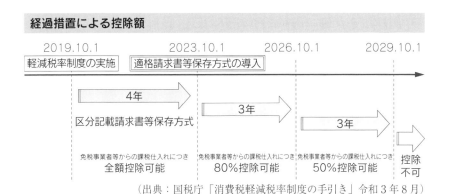

（出典：国税庁「消費税軽減税率制度の手引き」令和3年8月）

 これいいですね。うちも、委託先の事業者の分の消費税かなり増えてしまうんじゃないかと心配していたんです。

 はい、制度的には非常にいい制度だと思うんですが、シバクロさんや私の仕事としては…

 あれ、もしかして、これも別に分類しないといけないということですか？？

 はい、お気づきのとおりなんです…

　インボイスの登録事業者でない事業者からの請求書は、経過措置適用期間中は、インボイスがあるものとは**控除額が異なるため、税額計算上、分けて集計しなければなりません。**

　しかし、こうした請求書は、これまでどおり区分記載請求書等保存方式による記載が求められているだけですので、**今までどおり請求書の内容に**

応じて課税仕入れかどうか判断したうえで、「経過措置対応分」として帳簿に記載し、経理処理します。

経過措置がある期間中の要件確認の流れ

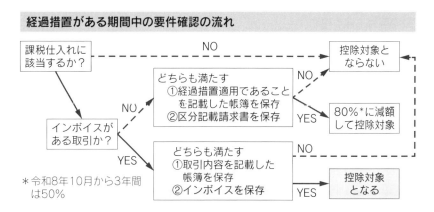

＊令和8年10月から3年間は50％

なんて複雑な…これ、ほんとにやらないといけないんですか？

はい、そうなんです。ただ、インボイスのないものについてはこれまでどおりの分類なので、インボイスの分類がまずしっかりできることが重要ですね。

ここでのまとめ

☑ インボイス制度導入後は、インボイスがあるもののみが控除できる課税仕入れ。インボイスの有無をチェックしよう。

☑ 制度開始後6年間は経過措置適用取引（80％、50％控除）もチェックしよう。

7 インボイスが集められなかったら どうしよう？

小規模事業者はインボイスが全部なくても大丈夫?!

インボイス制度導入後は、少額取引に至るまで、すべての対象取引についてインボイスを集める必要があります。本当にそんなことができるのでしょうか？

これ、いちばん困りますよね。インボイスって請求書の取扱いしか考えてなかったけど、もっと細かい経費のレシートまでどうするか考えていかないといけないんですよね？

はい、そうなんです。経費精算やカード決済、口座引き落とし、いろいろな取引がありますから、すべてそろえるのはかなり大変になると思います。

社長の持っている法人カードから決済されている経費もあるんです。携帯の利用料とか、会議用のアプリの料金とか、考えただけでも恐ろしい…

これまで、3万円基準があったから、そういった細かい引き落としはカード明細で確認できればいいというだけで済んだんですよね。でも、しばらくは一部の小規模事業者にだけ、**1万円基準**っていう新しい制度ができるんですよ。

シバクロさんのいうように、これまでは少額取引については請求書等の保存が必要なかったため、カード引き落としなどの細かい取引は、カード

明細で内容を確認するだけで処理していました。これを、すべて明細を取らないといけないとなると一大事。

とてもじゃないけど、人手が足りません。

シバシステムのように、中小企業ではバックオフィスの業務までなかなか手は回りませんから、こうした明細をインボイスとして集めていくには多大な事務負担がかかることから、一定規模の小規模事業者に対しては、**2023（令和5）年10月1日から2029（令和11）年9月30日までの間**に行う**税込1万円未満の課税仕入れ**については、帳簿のみの保存で仕入税額控除が認められる**少額特例**が設けられています。

 経過措置の対象となるのは、具体的には次の基準を満たす事業者です。

【少額特例の適用対象者】

・基準期間における課税売上高が1億円以下の事業者

・特定期間における課税売上高が5,000万円以下である事業者

わん！ポイント 【基準期間と特定期間】

 消費税の納税義務の判定については、通常基準期間（前々年又は前々事業年度）で判定しますが、これとは別にその課税期間の前課税期間の半年を基準として、納税義務を判定するケースがあります。この前課税期間の半年の期間を「特定期間」といいます。

なお、少額特例の判定は、どちらの基準を使ってもOKなので、だいたい年間1億円以内と覚えておくとわかりやすいですよ。

この基準に当てはまれば、細かい取引については、インボイスがいらないということですね。だいたい、年間売上1億円以下の規模の事業者ってことか。

 そうなんです。これだと、先ほどシバクロさんがおっしゃってた取引のほとんどは、明細をインボイスとしてダウンロードして取っておく必要がないんです。
ただし、期間が限定されていますから、この間にすべてのインボイスを整理して保管するための方法を準備しておく必要はありますね。

1万円未満の取引のインボイス

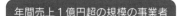

年間売上1億円超の規模の事業者

経過措置の適用なし。
全部インボイスが必要。

年間売上1億円以下の規模の事業者

経過措置の適用あり。
売上基準を満たす限り、省略可
（2029年9月まで）

 たしかにありがたい規定だけど、うちはこの売上基準だと使える期間がもうそんなに残っていなさそうです。

 今期で年間売上1億円は超えそうですしね。何とか、今期中にマニュアルを作って、すべてのインボイスが集められる体制を作らないといけないですね。

ここでのまとめ

- ☑ 税込み１万円未満の課税仕入れについては、帳簿の保存のみで仕入税額控除が適用できる少額特例がある。
- ☑ 利用できる事業者の規模、利用できる期間がそれぞれ限定されているので、早めにすべて揃えられる体制を整えよう。

8　インボイスがいらない取引ってどういうもの？

インボイスの保存が不要な取引

❼で確認したとおり、3万円基準が廃止されたため、**少額特例の対象とならない事業者はすべての取引のインボイスが必要**となります。

しかし、事業における経費の中には、そもそも**領収書等の書面を一切交わさないで行われるもの**もあります。たとえば、次のようなものです。

公共交通機関の運賃　自動販売機による商品の購入　会社が従業員に支払う通勤定期代

また、古本屋など**消費者から商品を買い取る業態の事業**についても、消費者である相手から請求書をもらうことはありません。こうした、一部の取引に限り、**インボイスがなくても100％の仕入税額控除が認められています**。具体的には、以下の取引です。

【インボイスの保存がなくても仕入税額控除が認められる取引】

　①　公共交通機関等の運賃（税込3万円未満）

　②　自動販売機やコインロッカーなどの料金（税込3万円未満）

　③　ポストに差し出された手紙などの郵送料

　④　入場券等で使用の際に回収されるもの

---

⑤　古物営業、質屋又は宅地建物取引業を営む事業者が一般消費者など インボイスの発行事業者でない者から古物や質物、建物を購入する取 引

⑥　インボイスの発行事業者でない者から再生資源又は再生部品を購 入する取引

⑦　事業者が従業員等に支給する通常必要と認められる出張旅費、宿泊 費、日当、通勤手当等

②には、銀行の ATM で振り込みや預金の引き出しを行った際 の **ATM 手数料も含まれます。**
でも、これはあくまで自動販売機などの**無人決済システムを利 用することが前提**なので、ネットバンキングでの振込手数料な どはインボイスを残しておかないといけないんです。

例外ってこれだけなんですね。ということは、アプリなどのサ ブスク料金なんかも明細を取らないといけないんだ！

そうなります。手間はかかるんですが…そういう制度になって いますので…

家賃などの継続契約はどうするの？

家賃など**契約書を元に毎月同額を支払うケース**もあります。また、リース 料など、契約後は口座振替で毎回口座から**自動引き落としで決済**されるも のもあります。

この場合も毎回インボイスをもらわないといけないのでしょうか？

こういった場合には、賃貸借契約書などの契約内容が書いてある書面と実際の振込日や引き落とし日が確認できる通帳などが一緒に保存してあれば、これを合わせてインボイスとすることができます。

毎回請求書をもらわなくてもいいんですね。よかった！
でも、今の契約って、インボイスが前提となっていないので、登録番号が入った契約書に書き換えてもらわないといけないですよね？

いえ、その場合も**登録番号を記載した書面を別途発行してもらい、保存**すれば問題ないです。
新規で契約する場合には、登録番号を入れてもらうように依頼した方がいいですね。

口座振替等で決済される継続契約

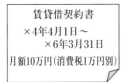

賃貸借契約書
×4年4月1日〜
×6年3月31日
月額10万円(消費税1万円別)

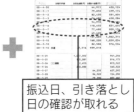

振込日、引き落とし
日の確認が取れる

通知書
当社の登録暗号は
T1098765432123
です。

2023年9月30日以前の
契約の場合には、別途不
足事項の明細をもらう

併せて保存することで
インボイスとできる

立替払いがある場合には誰からインボイスをもらうの？

❸で確認したように、立替金がある場合には、立替元の事業者の発行す

る請求書にある立替金は、その事業者の売上ではないので、**別途立替先の発行する自社宛のインボイスの保存がなければ、本来立替部分に関する仕入税額控除を受けることができません。**

そのため、下の図で立替元であるシバモトさん宛の請求書しかない場合には、シバモトさんに、**立替先のお店から発行されたシバモトさん宛のインボイスを添付して、**シバシステム宛の請求書（又は立替金精算書）を作成してもらう必要があります。

ただし、その立替に係る取引が、交通費などのインボイスの保存がいらない取引（105 ページ参照）である場合には、立替元からインボイスをもらう必要はありません。

立替払いがある場合

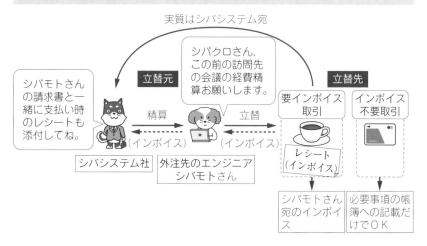

 立替金の名目である交通費は、課税仕入れであることが確認できないといけないので、単に交通費としないで交通機関の名称や乗車区間などを書いた明細はもらってくださいね。

108

弊社のいままでの運用で問題なさそうです。私の方は、外注先からもらった領収書がインボイスの要件を満たしているか確認すればいいわけですね。

　もし、立替元が自社や他社の支払いと一緒にまとめて支払ってくれたものの一部を負担するようなケースでは、立替元宛のインボイスのコピーと一緒に**立替元から立替金精算書をもらうようにしましょう。立替部分については、コピーの内容がインボイスの要件を満たしている**のか確認しましょう。

支払いの一部が立替の場合

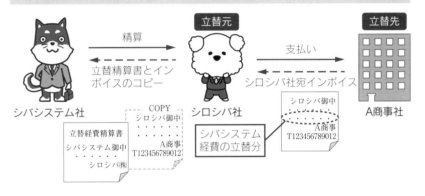

立替と自社の支払いが一緒になってしまっていると、そのまま渡すことができないですからね。この場合には、コピーをもらえばいいということですね。

はい、そうなんです。コピーには立替部分に印などをつけてわかるようにしてもらってくださいね。

ここでのまとめ

☑ インボイスがいらない取引を理解しよう。

☑ 継続契約の場合や立替金がある場合の書類のやり取り
に注意しよう。

9 インボイス制度導入後の 取引分類のまとめ

消費税の計算は帳簿上の分類方法がわかれば OK

　消費税の計算は、❶で確認したように、課税取引の分類ができれば、算式に載せて計算するだけなので、分類方法さえ間違えなければ申告書の計算は難しくありません。

　特に、最近では、会計ソフトを利用して簡単に帳簿を作成することができますから、**会計ソフトに入力をする際に分類を間違えないで入力することが最も重要**です。

　インボイス制度が導入された場合、この分類がどのように変わるのか、売上や仕入の分類方法を再度整理してみましょう。

売上の分類方法

　売上に関しては、下記の5分類で分類します。

売上の分類

　まずは課税対象取引かどうかを判断します。これは、「**4要件に該当するか否か**」（72ページ参照）でしたね。特に、**海外への売上がある場合には**、注意が必要です。非課税取引や免税取引は該当取引に当てはまるかどうか

なので、自社の売上の中に該当取引の取扱いがある場合には注意が必要です。

　課税取引に該当するものについては、**税率ごとの分類**も必要です。これも、飲食料品の販売など、8％の取引がある場合には注意が必要です。

 売上の分類はインボイス制度導入後も特に変更はない感じですよね？

 はい、**売上側の注意点は請求書の書き方だけ**なので、経理処理としては、変更はありません。
ただ、登録事業者は**インボイスの保存の義務**がありますので、発行した請求書のコピーが必ず残るように注意してくださいね。

 コピーは、データのままでもいいんでしたよね。

 はい、御社はソフトで請求書を発行してますから、ソフトのデータがそのまま参照できるようになっていれば問題ないです。

仕入の分類方法

　仕入税額控除に関しては、**課税仕入れかどうかを分類したうえで**、さらに記載内容を満たすインボイスがある取引かどうか、さらに、**軽減税率の対象となる取引かどうかで分類します**。

　なお、経過措置の適用がある期間については、登録事業者以外の事業者からの課税仕入れについては、区分記載請求書の保存があれば一部の控除ができるため、これについても別途分類し、集計しなければなりません。

仕入の分類

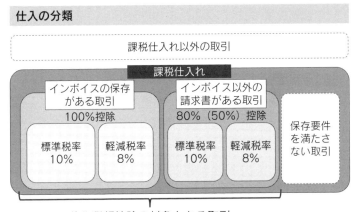

 仕入の方はチェック項目が多いですね。

 そうですね。分類に関しては会計ソフトのプログラムでこれらの分類に対応できるようになると思いますが、実際に入力を行う人が分類を誤らずにできることが重要ですから、これらの手順を踏まえたうえで、業務フローを考えていく必要がありますね。

 外注先の契約をどうするかも検討していかなければならないですね。

取引先の状況を把握しよう

　シバシステムのように外注先が多い事業者は、取引先からインボイスがもらえるかが**利益に大きく影響を及ぼす可能性**があります。

　そこで、まずは取引先の現状を確認したうえで、対応策を考える必要が

113

あります。

インボイスがないと、弊社の負担が増えるんですよね。
予算が大きく変わってしまうと問題が出てしまいます。
事前に影響額を予算化しておく必要があるんですが…どうしよう。

まずは、取引先にインボイスの有無の確認をしてみましょう。
口頭で確認できないケースもありますので、こんな紙面（115
ページ）を出してみたらいかがでしょうか。

まずは、回答をもらって状況を把握して、対応策も考えていかないといけないですね。

はい、次回は具体的な対応策を考えていきましょう。

ここでのまとめ

☑ インボイス制度導入後は、仕入の分類を正確に行えるようにしよう。

☑ 取引先の登録状況を確認し、どの程度影響が出るのか事前に把握できるようにしよう。

取引先への登録番号の通知とご依頼に関する文書例

20××年××月××日

○○○○○○○○○○御中

会社名
部署

適格請求書発行事業者登録番号のご通知とご依頼について

　拝啓　貴社ますますご清栄のこととお慶び申し上げます。平素より格別のご高配を賜り、厚く御礼申し上げます。

　さて、2023年10月1日から、複数税率に対応した消費税の仕入税額控除の方法として、適格請求書等保存方式（いわゆるインボイス制度）の導入が予定され、税務署長に申請して登録を受けた課税事業者である「適格請求書発行事業者」が交付する「適格請求書」等の保存が仕入税額控除の要件となります。

　そこで、弊社の適格請求書発行事業者登録番号をご通知するとともに、貴社の登録番号等について、弊社までご連絡をお願い申し上げます。何卒ご主旨をご理解賜り、宜しくお願い申し上げます。

敬具

記

1．弊社登録番号
　　T×××××××　×××××××

2．課税事業者のご確認及び登録番号に関するご依頼
　　課税事業者の場合、貴社の適格請求書発行事業者登録番号を以下の問合せ先まで、ご連絡願います。また、課税事業者以外（免税事業者等）の場合は、その旨、ご連絡をお願い致します。もし、適格請求書発行事業者登録番号の取得が未だの場合は、2023年3月31日までに取得願い、2023年5月31日までにご連絡をお願い致します。

3．問合せ先
　　部署
　　氏名
　　住所
　　電話番号
　　メールアドレス

以上

（出典：一般社団法人日本加工食品卸協会「インボイス制度対応企業間取引の手引き（第1版）」http://nsk.c.ooco.jp/pdf/20210521_1.pdf）

インボイス制度が導入されると考えなければならないことが増えますね。
それに、基本的な部分を押さえていないといけないということがわかりました。

そうなんです。消費税は一つ一つの契約をどう行うのかが重要な税目ですし、その契約が利益に直結しますから、当事者である我々が消費税について理解がないと、取り返しのつかないことになってしまうかもしれないんです。

実際の経理処理は、私が考えていかないといけないですが、私が理解して指導できないと、社長や周りの社員たちもどう対応していったらいいのかわからないですものね。

そうですね。シバクロさんのようなバックオフィス業務を担当される方の負担は重くなりますが、会社のこれからの行方を担う大変な仕事だと思いますよ。

そういわれると、プレッシャーですが…頑張りたいと思います！

第**3**章

免税事業者は
登録事業者にならない
といけないの？

フリーランスの
ミケ川さんと契約に
ついて考えよう

- 免税事業者は必ず登録事業者にならないといけないのか？を確認しよう。
- 課税事業者になるなら、どのくらいの税金を払うのかシミュレーションしてみよう。
- 課税事業者になるなら、簡易課税制度の可能性を検討しよう。
- 契約形態ごとに、交渉方法を考えてみよう。

この章の相談者

ミケ川さん　フリーランスの WEB デザイナー

> インボイスが始まったら、登録事業者にならないといけないって聞いたんですが本当ですか？

【プロフィール】
- フリーランスの WEB デザイナー。
- 会社員として働いていたが、昨年から独立して活動。
- 複数の会社から受託して仕事を行っている。
- 昨年は初めての確定申告を行ってみたけど、税金のことがわからずに困っている。

プロローグ インボイスはフリーランスに不利？

はじめまして、税理士のパン田です。
ミケ川さんは、WEBデザイナーさんでしたね。

はい、去年から独立してフリーランスでやっています。
去年は自分で確定申告してみたんですが難しくて…

そうでしたか。おひとりでまとめるのは大変だったでしょう。
これからインボイスも始まりますしね。

それなんです！お聞きしたいのは。
なんだか、取引先からも登録しているかどうか聞かれるし、周りの同業者もみんなどうしようって悩んでいて…

そうですね、実際ミケ川さんのような立場の方が皆さん困ってらっしゃるというのはよく聞きますよ。
結論はお話を伺ってみないとわからないのですが、必ず登録しないといけないわけではないので、これからのことを想定して考えてみましょう。

そうなんですか？ありがとうございます。

では、現状のお仕事の内容から、対策を考えてみましょう。

1 インボイスがないと契約できません！は可能なの？

取引先からインボイスの登録確認が来たら…

インボイス制度の導入を目前に、多くの企業が準備を始めています。ミケ川さんのところにも取引先から**インボイスの登録番号の確認の書類**（115ページ参照）が届きました。

これって、どう回答したらいいのでしょう？

私は免税事業者で…売上的にはしばらくこのままだと免税事業者のままなんですが、どのように回答したらいいのでしょうか？

書面は現在の事情を聞いてるので、そのまま書いて返信してもらえたらいいと思いますよ。

免税事業者のままって答えたら、契約が打ち切りになったりしませんか？

いえ、いきなりそんな話になることはないと思います。
さまざまな法律でそういった一方的な契約打ち切りなどは禁止されているんです。

買手側は独占禁止法や下請法の影響が……

免税事業者の判定基準は売上の基準が原則（12ページ参照）ですから、

ミケ川さんのような免税事業者は、**一般的に規模が小さい事業者**です。そのため、買手側である取引先が課税事業者であるときは、**はじめから情報量や交渉力から格差があります**。そこで、インボイス制度導入決定前は、大手企業の取引相手から免税事業者が除かれることが懸念されました。

　こうしたことから、独占禁止法では、こうした「自己の取引上の地位が相手方に優越している一方の当事者が、取引の相手方に対し、その地位を利用して、正常な商慣習に照らし不当に不利益を与える行為」を優越的地位の濫用として、禁止行為としています。下請法や建設業法においても同様の取扱いがあります。

わん！ポイント　【独占禁止法とは？】

　消費者の立場から見ると、市場において企業間の競争がなくなってしまうと、より安い商品やより良い商品を選ぶことができなくなり、消費者の利益が奪われてしまいます。そこで、自由経済社会において、企業が守らなければいけないルールを定め、公正かつ自由な競争を妨げる行為を規制しているのが「独占禁止法」です。また、これを補完する法律として「下請法」があり、公正取引委員会がこの2つの法律の執行を行っています。

それじゃあ、急に契約の打ち切りをされたりすることはないんですか？

はい、ただし、契約の見直しを行うことそのものが禁止されているわけではないんです。

どういうことですか？！

あくまで**売手側の免税事業者に一方的に不利になるような契約内容を押し付けたら違法**ということなんで、契約の見直しを行って、お互いにとって不利益にならない方法で解決できるなら違法ではないということなんです。

ガイドラインによる6つの禁止行為

インボイス制度導入を契機に、こうした行為が行われないよう、2022（令和4）年1月には、国税庁の上位機関である財務省や独占禁止法の監督機関である公正取引委員会など、関係省庁が連名で「**免税事業者及びその取引先のインボイス制度への対応に関するQ&A**」（https://www.jftc.go.jp/dk/guideline/unyoukijun/invoice_qanda.html）というガイドラインを出し、違法行為への注意喚起を行っています。

ここでは、インボイス制度になることを契機として行う次の6つの行為を禁止行為としています。

ガイドラインによる6つの禁止行為

①　取引対価の引下げ

再契約が形式的なものにすぎず、免税事業者にとって負担した消費税額が払えないほどの**著しく低い価格**を設定している場合

②　商品・役務の成果物の受領拒否、返品

すでに行っている契約において、買手側が免税事業者であることを理由に納品を拒否する場合

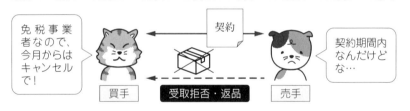

③　協賛金等の負担の要請等

取引価格の据置きは受け入れるが、その代わりに別途、協賛金や販売促進費等の免税事業者に**不合理な金銭を要求**した場合

④ 購入・利用強制

取引価格の据置きは受け入れるが、別途、**関係のない商品やサービスの購入を要請**する場合

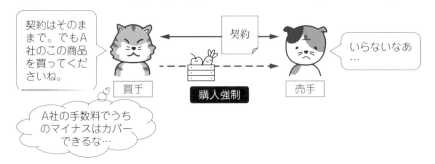

⑤ 取引の停止

不当に不利益な契約を一方的に押し付け、これに**応じない場合には取引を停止する**とした場合

⑥ 登録事業者となるような慫慂(しょうよう)等

課税事業者にならなければ、取引価格を下げることや取引の打ち切りを**一方的に通告**すること

課税事業者になってくれませんか？と打診すること自体は違法ではないんです。だから、打診があってもそのままそれを呑むのではなく、**免税事業者側もきちんと有利不利を判断して、必要であれば交渉することが大事**なんです。

 交渉か…私にできるかな？

 まずは、ミケ川さんの現状を整理して、今後どうするのかを考えていきましょう。
実態が見えていなければ交渉のしようがないですからね。

ここでのまとめ

☑ 売手である免税事業者に買手である課税事業者が、課税事業者になることを打診すること自体は違法ではない。

☑ 買手側が一方的な契約を行うことは優越的地位の濫用として、独占禁止法による規制対象に。

☑ 自身の状況を整理し、不利にならないよう交渉していくことが重要。

2 登録事業者にならないという選択肢はあるの？

登録を行うべきかシミュレーションをしてみよう

　取引先から、事業者登録の打診があった場合には、すぐに手続きをするのではなく、**そもそも登録が必要なのかどうかをまず検討**しましょう。中には、これまでどおり登録を考えなくても問題ないケースもあります。19ページの例で再度確認してみましょう。

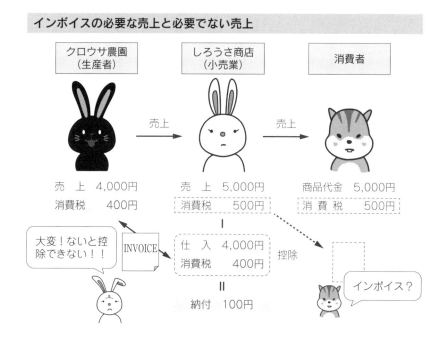

インボイスの必要な売上と必要でない売上

買手側にとって、インボイスが必要になる理由は、「仕入税額控除の要件になっているから」だけなので、**顧客が消費税の申告をしない、消費者であればわざわざ登録する必要がない**ということですね。

 そうです。ですので、まずは**自身の顧客層を整理**して、その人たちに**インボイスが必要かどうかを確認**します。場合によっては取引先の選定も必要かもしれません。

 なるほど。

 それに、これは少し厳しい話にはなりますが、取引先にとって、どこまでミケ川さんが重要か？という点も考慮の対象になります。優位性ってことですよね…

登録を行うかどうかのシミュレーション

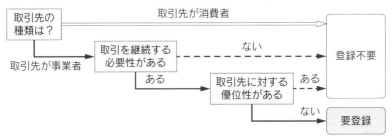

登録を行うかどうかの判断基準を順番に見ていきましょう。

Ⅰ　取引先の種類

取引先が消費者である場合には、一般的にインボイスは必要としないた

め、あえて登録する必要はないと考えられます。

また、取引先が事業者であっても、**その事業自体が非課税事業を営んでいるように、消費税の納税を予定していない**ケースもあり、その場合にもインボイスは必要ないこととなります。

 なるほど。でも、いろいろな取引先がありますから、それぞれによって事情は違いますよね。

 そうなんです、ですから取捨選択ができるかどうかも検討する必要があるんです。

Ⅱ 取引を継続する必要性はあるのか？

取引先自体はたくさんありますし、インボイスが必要な事業者も必要じゃない事業者もいます。そのなかで、**果たしてインボイスが必要な事業者**

と今後契約を継続することにどこまでメリットがあるのかを検討します。

たとえば、ミケ川さんの顧客が**99％インボイスのいらない**医療機関で、たまに必要な一般企業の仕事をしているとします。そうなった場合、**その1％の仕事を消費税の納税をしてまでも取りに行く必要があるのか？**ということです。

うーん、可能性の問題もあるから難しいですよね。
でも、確かに、飲食店などの消費者向けの商売でも、会社の経費にしたいひともいるけど、ラーメン屋とか、定食屋とか、お店によっては領収書なんてほとんど発行しないところもありますよね。

そうなんです。そうなると、少数のインボイスが必要な人がお店に来なくなっても、売上的には問題ないということであれば、敢えてインボイスを用意しなくてもいいわけですよね。

顧客の選定

うちは券売機だから領収書は出ないよ！

インボイスがいらない顧客

領収書？いらないよ

継続

取引停止　INVOICE

じゃあ、ほかのお店行きます。

インボイスが欲しい顧客

Ⅲ 取引先に対する優位性はあるのか？

　顧客を選定できるかどうかには、取引先に対する優位性も影響します。たとえば、唯一無二のアーティストであれば、その人に依頼できるか？という話になってきますから、**そのアーティストがインボイスを発行できるかどうかは二の次の話**になります。つまり、買手にとって、**売手の代替性がない場合**には、インボイスの有無が取引要件にならないこともあるのです。

優位性がある場合

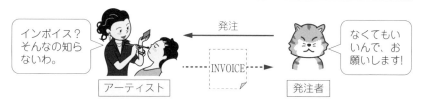

 まあ、確かに先生のおっしゃることもわかるんです。
でも、こういう優位性がある立場の方って、一握りだし、そもそもそういう人は免税事業者ではなかったりしませんか？

 いえ、優位性というのは必ずしもアーティスト性があるということでもないんです。代替性が効かないということですから、**単に人手不足の業界**とか、その**プロジェクトの中心人物**で、どうしても辞められたら困るとか、さまざまな理由があると思うんですよ。

 なるほど、たしかに他にできる人がいても、人員が見つからないような業界なら、発注者が多少損してでも手放したいと思わないかもしれないですものね。

はい、ですから、**自分の仕事をいったん棚卸して、俯瞰で見渡した時に、交渉の余地があるかどうか**を整理することは大切なことなんです。
インボイス制度は、**これからどういうひとと、どういう仕事がしたいのかを考える機会**ととらえるといいと思いますよ。

ここでのまとめ

☑ 登録を求められたらまずは、登録の必要性を考えよう。
☑ インボイス制度はこれからどういう仕事をしたいかを
　考える機会ととらえよう。

**課税事業者になったら
どのくらい税金を払うんだろう？**

交渉をするまえに影響額を把握しよう

　金額の交渉を行うのであれば、自身の負担額が把握できていなければ、**どこまでが妥協できるかがわからないため、不利な契約を気づかないまま結んでしまう可能性もあります。

　実際に、課税事業者になって、消費税を支払うようになったらどの程度の税金を支払わなければならないのでしょうか？

 売上としてもらった金額の10％の税金を支払うんですよね。
あ、でも仕入の税金を引いてもいいんでしたよね。

 そうなんです。売上の税金と仕入の税金の差額の10％って押さえていただけるといいと思います。
私たちが消費税のシミュレーションをするときには、直近の年の申告書の内容からシミュレーションするので、ミケ川さんも今日お持ちいただいた申告書をベースにシミュレーションしてみましょう。**青色申告決算書を参照**します。

ミケ川さんの令和4年の青色申告決算書

令和 04 年分所得税青色申告決算書（一般用）

FA3000

住所	東京都世田谷区三宿123-456	氏名	ミケ川　ナオ
事業所所在地	東京都世田谷区三宿123-456	電話番号	（自宅）090-1111-1111（事業所）090-1111-1111
業種名		屋号	加入団体名

この青色申告決算書は機械で読み取りますので、黒のボールペンで書いてください。

整理番号　0 1 2 3 4 5 6 7

令和 5年 2月25日　損益計算書（自 01月01日 至 12月31日）

提出用 / 令和二年分以降用

科目		金額（円）	科目		金額（円）	科目		金額（円）
売上（収入）金額（雑収入を含む）	①	6532400	消耗品費	㉗	366200	貸倒引当金	㉟	0
期首商品（製品）棚卸高	②	0	減価償却費	㉘	0	その他繰戻額等	㊱	0
仕入金額（製品製造原価）	③	0	福利厚生費	㉙	0	計		0
小計（②+③）	④	0	給料賃金	㉚	0	専従者給与		0
期末商品（製品）棚卸高	⑤	0	外注工賃		0	貸倒引当金		0
差引原価（④-⑤）	⑥	0	利子割引料		0			
差引金額（①-⑥）	⑦	6532400	地代家賃		480000	その他繰入額等		0
租税公課	⑧	50000	貸倒金		0	青色申告特別控除前の所得金額（㉛+㊳-㊴）		4581800
荷造運賃	⑨	0				青色申告特別控除額		550000
水道光熱費	⑩	125000				所得金額（㊵-㊶）		4031800
旅費交通費	⑪	114000						
通信費	⑫	250000	その他経費		279400			
広告宣伝費	⑬	0	雑費		0			
接待交際費	⑭	285600	計		1950600			
損害保険料	⑮	0	差引金額（⑦-㉚）		4581800			
修繕費	⑯	0						

●青色申告特別控除については、「決算の手引き」の「青色申告特別控除」の項を読んでください。

●下の欄には、書かないでください。

（＊）白色申告の場合には、収支決算書を参照します。

決算書の金額から消費税額を計算してみよう

　まずは直近の決算書をベースに、ミケ川さんの消費税額を計算してみましょう。

【手順】

①上の決算書の金額から第2章❷の取引分類に従って課税取引を整理します（試算なので、正確じゃなくても大丈夫です！）。

②課税取引を集計します。

③67ページの算式に従って、消費税額を求めます。

ミケ川さんの決算書の整理

勘定科目	科目の内容	課税取引かどうか	金額集計
売上高	WEB デザイナー本業の売上	○	6,532,400 円
課税売上げ合計			6,532,400 円
租税公課	税金	× 税金は課税対象外	―
水道光熱費	事務所の光熱費	○	125,000 円
旅費交通費	電車やバス、タクシーなどの移動交通費、出張時の宿泊代	○	114,000 円
通信費	携帯電話代、Wi-Fi 利用料、プロバイダ料金など	○	250,400 円
接待交際費	取引先との飲食接待費、贈答品の購入費 慶弔費	△ ご祝儀、香典等の金銭の支出は課税対象外	275,600 円
消耗品費	制作に利用する文具、機材等の購入費用	○	366,200 円
地代家賃	事務所の家賃	× 次ページ参照	―
その他の経費	銀行の振込手数料その他の手数料など	○	279,400 円
課税仕入れ合計			1,410,600 円

【消費税額の計算】
① 課税売上げに対する消費税額
  6,532,400 円×10/110*＝593,854 円
② 課税仕入れに対する消費税額
  1,410,600 円×10/110*＝128,236 円
③ 納税額（①−②）
  593,854 円−128,236 円＝465,618 円

（＊）税込金額を 110（本体価格部分 100 ％＋消費税 10 ％）とした場合の消費税
　　10 ％部分を按分計算で求めている。あくまで試算なので、簡便的な算式で OK。

わー、けっこう高いんですね…

そうですね。ミケ川さんの場合、サービス業ですから仕入を行う物品販売業や製造業などと違い、もともと利益率はいいので、売上と仕入の差額の税額である消費税も少し高くなる傾向にあります。

そうですか…ところで、家賃は事務所の家賃でも課税取引にならないんですか？

はい、そうなんです。**家賃が非課税取引になるのは、居住用の用途の場合**なんですが、これは**賃貸借契約書上の用途**で決まります。
ミケ川さんのように自宅の一部を事務所としている場合、賃貸借契約書はミケ川さんの居住契約となっているので、一部を事務所として使っていたとしても課税仕入れとはならないんです。

　これ以外の勘定科目では、**以下のようなものが課税取引とならないため**、シミュレーションを行う上で注意が必要です。

勘定科目	課税取引にならない取引
売上高	Amazon などの販売サイトを通じた海外消費者への物品の販売 社会保険医療売上、居住契約のマンションやアパートの賃貸料 YouTube などの海外サイトからの広告収入
荷造運賃	国際運賃　※輸入消費税がある場合には、別途計算
旅費交通費	海外出張時の航空券代、海外での滞在費等
損害保険料	すべて対象とならない
消耗品費	海外からの輸入品
減価償却費	すべて対象とならない ＊固定資産の購入年については、購入代金の全額が課税仕入れ
福利厚生費	社会保険料、従業員の慶弔費
給料賃金	通勤手当以外のすべての給与
利子割引料	すべて対象とならない
雑費	住民票や納税証明などを取得するための行政手数料

（注）所得税の青色申告決算書の記載事項に基づく勘定科目を採用しています。

ここでのまとめ

☑ 交渉を行う前にいったん消費税額がどの程度になるのか試算してみよう。

☑ 試算を行う際は、前年の青色申告決算書の内容から課税取引になるものをピックアップし、試算してみよう。

4 税額が高くなりそうなら、簡易課税制度もいいらしい？

簡易課税制度は仕入の消費税額を使わない計算方法

❸で見てきたように、消費税の税額計算は実際の売上の税額と仕入の税額を求めて計算します。

しかし、これには**証明できる請求書等の保存が要件**とされており、さらに、**会計ソフトなどを使って、帳簿を作成したうえで、課税仕入の金額を集計できないと計算できません**。そこで、消費税導入時から、手計算で申告する人向けに、実際の仕入の請求書の金額は使わず、売上の税金に一定割合を掛けて出た金額を仕入税額とする「**簡易課税制度**」という方法が認められています。

簡易課税制度の仕組み

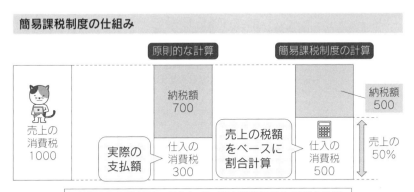

わー。ずいぶん簡単なやり方なんですね。
それに、こんなに税額が低くなるんですか？

はい、簡易課税制度を利用すると、**実際の仕入の税額は使いません**から、取引の分類など難しいことを考えなくても計算できてしまうんです。税額も簡易課税制度の場合は一般的にゆるい割合を使っているので、実際の仕入税額を使うよりも納税額が低く出る傾向にあります。

簡易課税制度の方が高くなってしまう場合ってあるんですか?

さまざまな要素はありますが、赤字状態の場合など、**売上に対する経費割合が高い場合**は、簡易課税制度を選択することで損してしまうこともあるんです。

簡易課税制度は売上の業種により控除率が決まる

簡易課税制度の計算に利用する割合を「**みなし仕入率**」といいます。みなし仕入率は下記の**業種分類**ごとの率を用いますが、この**みなし仕入率と実額の経費率**（実際の課税仕入れの課税売上げに対する比率）**とを比較**することで、どちらを取る方が有利であるのかの判定ができます。

	業　種	みなし仕入率
第一種事業	卸売業	90 %
第二種事業	小売業	80 %
第三種事業	製造業	70 %
第四種事業	その他の事業（飲食店業を含む）	60 %
第五種事業	サービス業（飲食店業を除く）	50 %
第六種事業	不動産業	40 %

ここでいう業種は、会社の登記簿に載っているような業種ではなくて、**売上ごとに表のどこに該当するのか**当てはめて判定します。

売上の種類が何種類かある場合には、それぞれ適用するみなし仕入率が異なる場合があるということですね。

そうなんです。たとえば、飲食店の場合に通常の売上は四種で60％だけど、デリバリーは三種70％というようにそれぞれ計算します。
134ページで計算した課税売上げと課税仕入れの金額を元に、ミケ川さんの有利判定をしてみましょう。

【ミケ川さんの消費税の有利判定】

① 実額経費率

1,410,600円／6,532,400円＝21.59…％

② みなし仕入率（サービス業：第五種）

50％

③ 有利判定　①＜②　∴**簡易課税制度有利**

すごい！30％近くも違うんですね。

ミケ川さんは経費のムダ遣いもないようですからね。一般的にサービス業は簡易課税制度が有利になるケースが多いですよ。

簡易課税制度を使えばインボイスをもらう必要はない！

　課税事業者となれば、自分も買手として、取引相手のインボイスを保存しなければならないため、その方法も検討しなければなりませんが、簡易課税制度の計算には、**売上の消費税しか使わないため、実はインボイスの保存は必要ではないのです。**

　そのため、もらったインボイスの記載要件の確認もいらないですし、取引相手が免税事業者かどうかも気にする必要はありません。

　課税事業者となっても難しい事務処理は必要ないですから、安心ですね。

簡易課税制度って誰でも使えるんですか？

簡易課税制度には2つほど要件がありますが、基本的にはミケ川さんのような小規模事業者の方は問題なく利用できますよ。

簡易課税制度の要件

　簡易課税制度の要件は下記の2つです。

【簡易課税制度の要件】
　①基準期間における課税売上高が 5,000 万円以下
　②簡易課税制度の適用を受ける届出書が提出されている

Ⅰ　基準期間における課税売上高が 5,000 万円以下

課税事業者の判定と同じやり方なんですね。

そうですね。判定金額が異なるだけですね。それに、課税事業者の判定と違って、事業承継などの特例はほとんどないので、これから課税事業者になろうとしているフリーランスの方でしたら問題なく適用できます。

Ⅱ　簡易課税制度の適用を受ける届出書が提出されている

　簡易課税制度の適用を受けるには、その適用したい課税期間の前課税期間末までに、事前に「**簡易課税制度選択届出書**」を提出しておく必要があります。

事前に書類を出しておかないといけないんですね。
忘れないようにしないといけないですね。でも、これで出して
おけばいいだけなら、金額を見て適用するか決めればいいです
ね。

それが、制度自体は簡単なんですけど、実は、簡易課税制度は
適用後2年間はやめられないので、事前に先のことまで考えて
シミュレーションしないといけないんです。

簡易課税制度の不適用と継続適用

簡易課税制度選択届出書を提出し、簡易課税制度を適用したら、**不適用
としたい課税期間の前課税期間末**までに「**簡易課税制度選択不適用届出書**」
を提出し、不適用とする意思表示をしなければ、簡易課税制度はそのまま
継続されてしまいます。

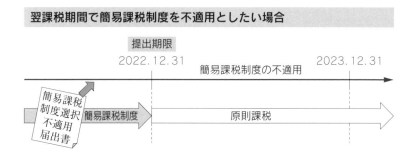

翌課税期間で簡易課税制度を不適用としたい場合

提出期限
2022.12.31　　　　簡易課税制度の不適用　　　　2023.12.31

簡易課税
制度選択
不適用
届出書　簡易課税制度　　　　　　原則課税

また、簡易課税制度選択不適用届出書は、簡易課税制度の**適用を受ける
こととなった課税期間の翌課税期間の初日**にならないと提出できないため、
実質2年間は簡易課税制度が強制適用されることになってしまいます。その
ため、翌年以降の状況も踏まえてシミュレーションし、選択する必要があ

るのです。

簡易課税制度不適用届出書の提出制限

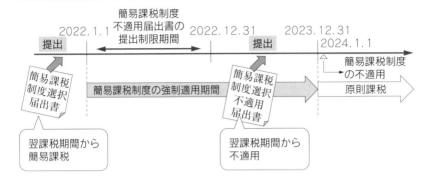

インボイス制度導入に伴う選択届出書に関する特例

　ところで、インボイス制度の導入を機に新たに課税事業者となる場合で、2023（令和5）年10月1日から2029（令和11）年9月30日までの日の属する課税期間中に**登録事業者の登録を受ける場合**には、特例（25ページ参照）により**登録を受けた日から課税事業者**となります。

　一方で、簡易課税制度は、本来、適用を受けようとする課税期間の前課税期間の末日までに、選択届出書を提出していなければなりませんが、上記の特例の適用受けて課税事業者になる場合には、**登録を受けた課税期間中**に「簡易課税制度選択届出書」を提出することで、特例により、**インボイスの登録をした課税期間から**、簡易課税制度の適用を受けることができます。

2023（令和5）年度の特例

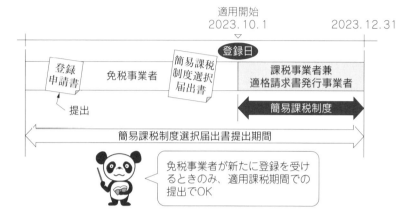

適用開始
2023.10.1　　　　　2023.12.31

登録日

| 登録申請書 | 免税事業者 | 簡易課税制度選択届出書 | 課税事業者兼適格請求書発行事業者 |

提出

簡易課税制度

簡易課税制度選択届出書提出期間

免税事業者が新たに登録を受けるときのみ、適用課税期間での提出でOK

 なるほど、それじゃ私はいつまでにどうしたらいいんでしょう？

 ミケ川さんはもし課税事業者になる必要があるのであれば、2023（令和5）年10月の制度開始時にまでに登録申請書と簡易課税の届出書を提出して、簡易課税制度の申告をするといいのではないかと思います。

 先のことまで考えないといけないんじゃプレッシャーですね。

 はい、でも実際は売上の金額が増えたり減ったりしても、経費率がそんなに大きく変わることがないので、突然仕事がなくなってしまったとか、**大きな変化がない限り、やめるかやめないかを悩む必要はない**と思いますよ。
それに、事務負担を考えたら、多少損してでも、敢えて簡易課税制度にするという選択肢もあると思います。

事務処理の比較

原則課税の場合

簡易課税制度の場合

帳簿をつくら
ないと！

この請求書、イン
ボイスの要件満た
している？？

とりあえず売上の
集計だけできれば
OK！簡単！

請求書取って
おかないと！

ここでのまとめ

☑ 試算をした金額が高すぎるなら簡易課税制度も検討して
みよう。

☑ 実際の経費率と簡易課税制度のみなし仕入率を比較する
と有利不利の判定ができる！

☑ 簡易課税制度を選択する際は、届出書の提出期限に注
意しよう。

5 いちばん簡単！2割特例ってどんな方法？

簡易課税制度も実は難しい

一見簡単な簡易課税制度ですが、書類の提出状況を管理しないといけないとか、売上の内容によって控除率が異なったりと、多少複雑です。

申告初心者のミケ川さん、やっぱりまだ不安が残ります。

簡易課税制度にしようか悩んでいて。書類を出し忘れたりしたら、高い税金支払わないといけなくなってしまうんですよね？自分で選ぶってちょっと不安です。それに、これから売上が増えていったら、もっと税金増えるだろうし。

実は、簡易課税制度よりももっと簡単な2割特例という方法が一時期だけ使えるんですよ！

え？そんなのあるんですか、早く知りたいです！！（わくわく）

究極の計算方法、2割特例

免税事業者が、2023（令和5）年10月1日から2026（令和8）年9月30日の属する各課税期間のいずれかで、新たに適格請求書発行事業者となることや課税事業者の選択により課税事業者となる場合には、仕入税額控除の計算を**売上の税額の一律80％で計算する2割特例を適用する**ことができます。

2割特例と簡易課税制度の違い

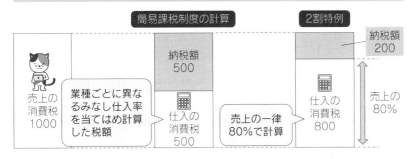

簡易課税制度の計算

2割特例

売上の消費税 1000

業種ごとに異なるみなし仕入率を当てはめ計算した税額

納税額 500

仕入の消費税 500

売上の一律80%で計算

仕入の消費税 800

納税額 200

売上の80%

業種関係なく80％なんですか？すごい！！

はい、業種はまったく関係ないです。ただし、適用できる事業者は、2023（令和5）年10月1日から2026（令和8）年9月30日までの間に始まる課税期間に免税事業者となるはずの事業者が、適格請求書発行事業者として登録するために課税事業者となるケースだけに限定されます。

そのため、これまで消費税の納税を行っていた事業者には適用がない、免税事業者のための**大サービスの特例**という感じの規定なんです。

【適用対象事業者】

・2023（令和5）年10月1日から適格請求書発行事業者の登録により新たに課税事業者となる事業者

・2023（令和5）年10月1日から2026（令和8）年9月30日までの日の属する課税期間において、課税事業者の選択により新たに課税事業者となる事業者

わーい！！（拍手）
実際どのくらい、影響があるんですか？

簡易課税制度の時のようにシミュレーションしてみましょう。

139 ページの原則と簡易課税制度の判定に 2 割特例も加えて税額を出してみましょう。

【ミケ川さんの消費税の有利判定】

①実額経費率

（控除率）　1,410,600 円／6,532,400 円＝21.59 %≒ 22%

（税　額）　6,532,400 円−(6,532,400 円× **22%**)＝5,095,272 円
　　　　　　5,095,272 円×10／110＝ 463,206 円

②みなし仕入率（サービス業：第五種）

（控除率）　 50%

（税　額）　6,532,400 円−(6,532,400 円× **50%**)＝3,266,200 円
　　　　　　3,266,200 円×10／110＝ 296,927 円

③ 2 割特例

（控除率）　 80%

（税　額）　6,532,400 円−(6,532,400 円× **80%**)＝1,306,480 円
　　　　　　1,306,480 円×10／110＝ 118,770 円

④　有利判定　①＞②＞③　∴ **2 割特例が最も有利！！**

＊ 154 ページのワークシートで計算方法を確認しましょう。

納税額が 30 万円以上も変わるんですか？？
ひゃー！すごいな！！

免税事業者で、売上規模もかなり小規模な事業者でも、**取引先との関係でどうしても事業者登録をしなければならない人**も出てきてしまうんで、こうした事業者の負担が小さくなるように、政府も大きく配慮してるんですよね。

私も登録するなら、これを使いたいな。
これも事前に書類を出すんですか？

いえ、この制度のすごいところは、事前の準備もいらないんです。
適用を受ける際は、申告書に該当の有無の丸印を付ける欄があるので、その欄に〇をつけて申告書を出すだけでいいんです。

2割特例の適用方法

申告書の該当欄に〇をつけるだけでOK！

【消費税申告書】

（出典：財務省「小規模事業者に対する納税額に係る負担軽減措置（案）」令和4年12月16日）

え、それじゃ**申告書を作るときに計算してみて決められる**ということですよね。
簡易課税みたいに事前に書類を出すかどうか決めなくていいなら楽だな〜。

使いやすい制度ではあるんですが、2点ほど注意しなければならない点があるんです。

【2割特例の注意点】

① 売上基準など、本来の納税義務の判定で課税事業者となってしまう課税期間については適用がない。

② 簡易課税制度の届出書を事前に提出している場合には、原則課税は選択できないため、「原則と2割特例」、「簡易と2割特例」のいずれかの選択になる。

ここは重要な点なので、順番に見ていきましょう。

本来の納税義務の判定で課税事業者となる場合

この特例は、本来納税義務がない事業者がインボイスのために納税しないといけない状況に対する救済制度なので、そもそも売上など、「自分で選択する場合」以外の通常の判定基準で課税事業者となる場合には適用できません。

この制度自体、3年間しか利用できませんが、この3年間を待たずに基準期間の売上が1,000万円を超えてしまったなど、**もともと納税義務がある課税期間に関しては適用できない**んです。

じゃあ、例えば私の今年（2023年）の売上が1,000万円超えてしまったら…

2023（令和5）年が基準期間となる2025（令和7）年分の申告は使えませんね。

けっきょくは原則か簡易か

　さらに注意しなければならないのが、もともと簡易課税制度の届出書が出ている場合には、原則の計算は使えませんから、けっきょく、次の2パターンで計算方法が決まるということです。

2割特例を含む選択パターン

```
            簡易課税
            制度選択
            届出書
      ┌─────────┴─────────┐
   提出なし              提出あり

  [原則] [2割特例]      [簡易] [2割特例]
```

それじゃ、私は簡易課税制度の届出書を出してないから、もう2割特例を選択するしかないってことですか？

いえ、簡易課税制度の選択時の6年間の即時適用の特例（143ページ参照）は使えますから、これまで簡易課税制度を選択していなかった人であれば、簡易課税制度を適用したい課税期間中に届出書を提出しておけば間に合います。

ですから、いまの段階では3パターン見ておく必要があるんです。

2023（令和5）年の計算方法の選択

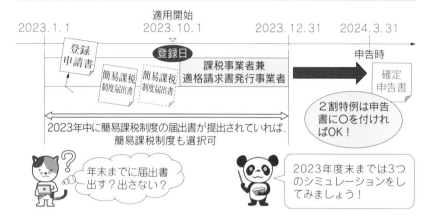

2割特例は3年間しか使えませんから、廃止になる課税期間（2026年）や1,000万円を超えてしまった場合にも簡易課税制度の届出書をどうするか検討しておく必要があります。

2割特例が使えると思って、簡易課税制度の届出書が出ていなかったというのを後から気づいたら遅いってことがあるんですね。

そうなんです。2年前の売上の状況ならわかっているはずです
し、廃止になる年も決まっていますから、とにかく忘れないこ
とが重要です！ただし、2割特例が適用できなくなった課税期
間中に簡易課税制度の届出書を提出すれば、その課税期間から
すぐに簡易課税を適用できます。

けっきょく、毎年シミュレーションを忘れないことが重要なん
ですね。大変だな…

ここでのまとめ

☑ 免税事業者がインボイスの登録をするときだけ、売上の
2割分の消費税だけでいい、2割特例が使える。

☑ 2割特例は、利用できる期間が限定されている。簡易課
税制度も含めて、どういう選択肢があるのかを毎年整
理しよう。

【ワークシート】

3パターンの計算をしてみよう。
134ページの例にしたがって、Ⓐ とⒷ の金額を求めよう。

課税売上げの金額　Ⓐ 　　　　　　　　　円

課税仕入れの金額　Ⓑ 　　　　　　　　　円

1　控除率を比較して、有利な方法を探そう

①　実額経費率
（控除率）Ⓑ／Ⓐ＝ 　　　　　　　　　 ％

②　みなし仕入率（138ページの表を参照）
（控除率） 　　　　　　　　　 ％

③　2割特例
（控除率） 　　　　 80　 ％

2　最も有利な割合を使って、税額を求めてみよう

Ⓐ　－　（Ⓐ　×　最も有利な控除率 　　　　　 ％ ）

＝ Ⓒ 　　　　　　　　　円

Ⓒ×10／110＝予想税額 　　　　　　　　　円

6 交渉する場合は何を 検討したらいいんだろう？

契約形態ごとに今後の交渉方法を整理しよう

　課税事業者になった際に支払わないといけない消費税額が把握できたところで、もう一度契約について考えてみましょう。

　インボイス制度の導入においては、❶のように立場の弱い売手が不利にならないよう、**法律上でも厳しい規制**が取られています。

　しかし、これはお互いに契約交渉ができないという話ではありません。また、どちらかが損しているという認識のままでは、今の契約がそのまま続くということも考えづらいです。

　そこで、今後、**どういった契約交渉が想定されるのか**考えてみましょう。

　まずは契約形態に応じて、どのタイミングで契約交渉を行う可能性が出てくるのかを見てみましょう。

契約形態別の契約交渉時期の整理

有期契約の場合
契約期間内は契約内容に縛られるため、契約時の契約内容の履行が原則となる。

一般的に契約期間満了前に、次の契約の交渉を行うため、**契約満了時を見据えて対策を検討する。**

自動更新契約の場合
更新後の契約満了日までは、契約時の契約内容の履行が原則となる。

解約又は契約内容の変更を行う際は、告知期間までに通知がある。契約書で告知期間を確認し、**その時期までに対策を検討する。**

都度契約の場合
個々の契約ごとに契約内容を決定する。

個別の契約時に交渉を行う

有期契約の場合には急いで動く必要はないんですね。

はい、一般的にはそうなんですが、だからといって、契約を継続することで、取引先の経営環境が悪化し、倒産なんてことになれば、そもそも契約自体があっても意味がなくなってしまいます。
商売はあくまで**双方が損しないで行うことが重要**ですから、取引先が話し合いを持ちたいというように打診して来たら、一方的に断らないで先方の事情を聞いたうえで判断することも必要だと、私は思いますよ。

そうですよね。こちらも生活がありますから、そうした状況であれば、請負額や取引頻度など、取引そのものを見直したりしないといけないですものね。
ところで、私の場合は個別契約がほとんどなんですが、その場合にはどのように契約を進めたらいいでしょうか？

156

最終的には価格交渉の問題と捉えよう

　個別契約の多い事業の場合には、取引の都度、交渉をしなければなりません。この場合の選択肢としては2つのやり方が考えられます。

【個別契約の場合の選択肢】
　①課税事業者となってインボイスの事業者登録を行う
　②登録を行わない代わりに取引価格を下げるなど、価格で調整する

価格で調整というのは、請求金額を変えるということですよね？
これで、インボイスじゃなくても問題ないんですか？

はい、けっきょく税金の部分だけで切り取られると、損したとか得したという話になりますが、**全体の支出額で見た時に、インボイスがあってもなくても同じ支出額だとなれば、取引相手を損させることもない**ですよね？

　①と②のケースの違いを126ページのしろうさ商店の例でみていきましょう。

免税事業者の場合の選択肢

① 課税事業者となってインボイスの事業者登録を行うケース

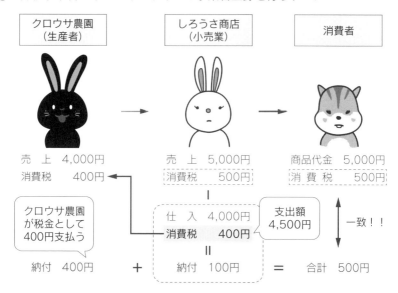

② 登録を行わない代わりに価格で調整するケース

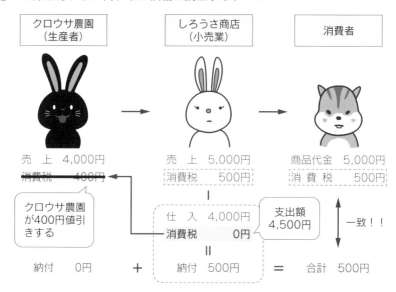

ほんとだ。税金だけに着目すると損得が分かり辛いけど、たしかにしろうさ商店の支出額は変わらないですね。

 はい、ですので、クロウサ農園の取引先が何社かあるうちに、インボイスが必要な事業者も必要でない事業者もいるなら、必要な事業者についてだけ、価格で調整してあげれば、**課税事業者になって、すべての売上についての納税をしなくても問題ない可能性もある**ということなんです。

相手の状況で対応を考えよう

インボイスが必要か教えてください

クロウサ農園

 インボイスないと困るな

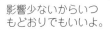 影響少ないからいつもどおりでもいいよ。

関係ないからいらないです。

 インボイス？？

| 普通の
課税事業者 | 課税事業者だけど
税負担してくれる
事業者 | 簡易課税や非課
税事業の事業者 | 消費者 |

 インボイスが
必要な取引先

 インボイスがいらない取引先

 しろうさ商店と価格の交渉ができれば登録しなくても問題なさそうだな。

相手の事業者が簡易課税を取っているか、あるいは、非課税事業であっても消費税の納税を本当に行っていないかは**聞いてみないとわからない**んですよね。もしかしたら、表に見えていない別の収入があるかもしれないですし。

ああ、なるほど。そうですよね。非課税事業中心のお医者さんでも不動産収入があったり、別の事業を一緒にしているひともいるかもしれないですものね。それに、私の取引先でもそのままでいいよって言ってくださる方も何人かいましたね。

そうなんです。お互い何が損で何が得かは税金の問題だけじゃないですからね。だから、話し合いって重要なんです。
でも、**そういう話し合いを避けたいというのであれば、課税事業者になってしまう**という選択もあるということです。

制度が変わるのはどちらかが悪いわけでもないし、**商売はコミュニケーションが大事**ですね。

ここでのまとめ

- ☑ 契約形態を整理して、何を交渉すべきかを整理しよう。
- ☑ 価格の調整で済むケースも考え、本当に課税事業者になるべきなのかを取引先と話し合った上で判断しよう。

エピローグ 考えすぎずに話し合おう！

インボイス制度が始まったら、どうしようって心配していましたけど、きちんと整理して考えたらいろんな対策方法があるってわかって少し安心しました。

それは、良かったです。もちろん、まったく影響がないということもないですから、今までどおりというわけには行かないですが、お互い気持ちよく仕事をするためには、お互いの立場を理解しないといけないですよね。

そうですよね。一緒にお仕事をしている中で、実際に取引先が不満に思っていたら、私の方で損がなくても気持ちよく仕事ができないですしね。

日本・東京商工会議所の調べ＊によると、調査企業のうち免税事業者との取引について見直す意向の事業者は約3割程度ということなので、現段階ではすぐに契約の見直しが必要と捉えている事業者も少ない状況です。

だからといって、このままの状況がいつまでも続くと考えないで、情報収集しながら、良好な関係を続けられるように話し合いを続けていくのが大切ですね。

＊参考　日本・東京商工会議所『「消費税インボイス制度」と「バックオフィス業務のデジタル化」等に関する実態調査結果』2022年9月8日

第**4**章

インボイスで会社の利益はどう変わるの？

サルシマ社長と
取引価格について
考えよう

この章で学ぶこと

- 免税事業者と取引をする場合の対応を考えよう！
- 免税事業者との交渉の注意点を整理しよう。
- 全体的な価格の見直しを行おう！
- スムーズな事務処理ができるように考えよう！

この章の相談者

サルシマ社長　サルシマ工務店　代表取締役

> 先生、インボイスがないと、うちの利益が
> 減っちゃうってほんとかい？

【プロフィール】

- 大手建設会社の下請けとして数社の仕事を担当。
- 従業員は雇用せず、3名の一人親方と仕事をしている。
- 仕事は順調に増え、前期の売上は5,000万円程度。
- 若い職人たちの親方として日夜活躍している。

プロローグ　インボイス制度が始まると利益が減ってしまう？

社長、この前のインボイスの資料は目を通してくれました？

ああ、とりあえず読んだけどさ、先生さ、これ、うちの利益どうなるのよ。税金が増えるんだろ？

そうですね。社長のところは、一人親方の方を多くつかってらっしゃるし、その方と今後の方針についてお話していかないといけないですね。

まあ、そうはいってもなかなか難しい話だよな。
向こうだってさ、かあちゃんに手伝ってもらってなんとか確定申告してるようなやつらだよ、そんな簡単にこっちのいうことなんて聞きゃしねえよ。

そうなんですが、社長。これはサルシマ工務店の存亡に関わるかもしれない大事な問題なんです。

存亡って…うちの会社が潰れるってことか？
先生、本気で言ってるのか、それ？

はい、このまま対策を打たないと大変なことになります。
私ともう少しこれからのこと、ちゃんと考えていきましょう。

1 外注費が多いと納税額が増えてしまうってホント？

人件費が外注費で支払われていると納税額がふえてしまう…

　企業にとって、人件費は大きな割合を占める経費です。とりわけ、サルシマ工務店のような建設業やソフトウェア産業などの製造（製作）を行う事業は、物品販売業などに比べ、**原価コストに占める人件費の割合が高くな**ります。

卸売業と建設業の経費のイメージ比較

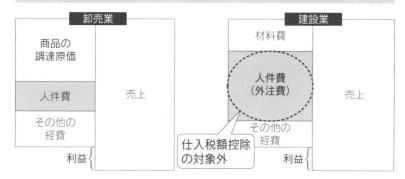

　人件費については、近年、社員として雇用契約を結ぶ形でなく、**請負契約**とするケースが増えています。

　こうした中で、インボイス制度が始まると、買手側であるサルシマ工務店のような立場の事業者は、仕入税額控除が取れない経費の比率が大幅に増えてしまい、**消費税が大幅に増えてしまう**可能性があるのです！

社長のところの職人さんのサワタリさん、モン木さん、エンノ助さんの３人は、みなさん一人親方（ひとりおやかた）でしたよね？

ああ、そうだよ。やつらはベテランだからな。古株のサワタリ
なんかは最近じゃ、うち以外の仕事の方が多いらしいし。

社長、それでしたら皆さんが普段消費税の申告をしているのか、
早急に確認してもらいたいんですが…

いや、そういうのは各自で任せてあるよ。
うちは賃金払ってれば関係ないだろ？

わん！ポイント　【一人親方とは？】

　　建設業などで、労働者を雇わず自分自身（あるいは自身の
身内と一緒に）だけで仕事を請け負うフリーランスの職人の
こと。雇用契約ではなく、請負契約なので、委託された仕事
を自身の判断でできる立場にある人。サルシマ工務店の職人はすべて雇用
契約でないため、一人親方。

　サルシマ工務店では、職人さん3人のうち、他社との取引が多いサワタ
リさん以外の専属の職人はそれぞれ年間500万円程度の支払いです。こう
した職人への支払いが**すべて仕入税額控除の対象とならなくなってしまう**か
もしれないのです。

この方たちの分の消費税は社長のところで負担しないといけな
くなる可能性がありますね…

そうかい、それで、どのくらい税金増えるんだい？

少なく見積もって 100 万円(*)くらいでしょうか…
サワタリさんや内装屋さんなどの外部の職人さんも免税事業者
だったとすると…150 万とか 200 万円くらいになるかもしれ
ません。

に、にひゃくまんだって！！先生勘弁してよ〜。

＊（500 万円×2 人）×10 ％＝100 万円

影響額が多い場合の対策を考えよう

　サルシマ工務店のようなケースでは、どのような対応をしていったらよ
いのでしょうか？これまでに確認した内容でチェックしてみましょう。

【買手側の対応】

　①サルシマ工務店が簡易課税制度を選択する

　②外注先に課税事業者になってもらうように打診する

Ⅰ　サルシマ工務店が簡易課税制度を選択する

　簡易課税制度は、実際の売上の税額から仕入税額を割合計算で計算する
方法であるため、その計算にインボイスは必要ありませんから、**取引先が
課税事業者かどうかを気にする必要がありません。**

　そのため、免税事業者である取引先をたくさん抱える業態にとっては、
最も有効的な選択肢といえます。

　また、インボイスのない取引の比率が高い事業者では、原則課税と簡易
課税の有利不利の関係が**インボイスの有無で逆転してしまう可能性**も高いの

です。

インボイス制度の導入前と後の有利不利の比較

① インボイス制度導入前

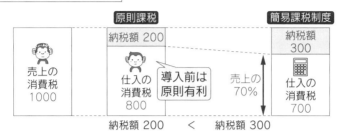

② インボイス制度導入後

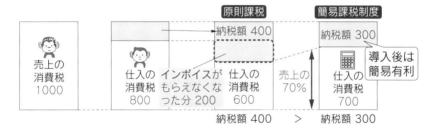

　ただし、簡易課税制度が選択できる事業者の要件に「**基準期間の課税売上高5,000万円以下**」という金額要件があるため、この規模を超える場合には、別の選択肢を考える必要があります。

Ⅱ 外注先に課税事業者になってもらうように打診する

　122ページで確認したように、取引先に課税事業者になってもらうように打診すること自体は違法行為ではありません。

　しかし、課税事業者になってもらえないからといって、買手側から一方的に消費税を支払わないことを通達することはできないため、話し合い機会

を持ち、お互いに納得できる形で結論づけることが重要です。

この2つだったら、簡易課税制度だよな。あいつらに消費税を払わせるわけにはいかないし、だいたい、毎年の申告すら自分ひとりじゃろくにできないやつらだし、申告して税金払えなんて難しいからな。

はい、私もそのように思うんですが…ただ、社長のところの売上は、昨年5,000万円を超えてしまったので、インボイス制度が適用される頃にはちょうど簡易課税制度が取れないんです。

なんだって、じゃあうちが追加で税金払うしか方法がないってことかい？そんなのひどいじゃないか！

他の事業者に切り替えるのはどうだろう？

これ以外選択肢として、今の外注先との契約は終了し、課税事業者である他の事業者に契約を切り替えるということも考えられます。

しかし、これは、受発注が前提となる外注事業者であれば可能ですが、**専属の外注先との契約のなかでは、なかなかそう簡単にはいきません。**

つまり、サルシマ工務店のように影響額が大きい事業者にとっては、インボイス制度は「**これから誰とどういう仕事をしたいのか？**」という**仕事の在り方を考える機会**と捉えなければならないのです。

長いつきあいある職人を切るわけにもなあ…

でも、全部うちで負担したら会社がもたないかもしれないよな。

インボイス制度の影響が大きい事業ってなんだろう？

　サルシマ工務店のようなインボイス制度による税負担が大きく予測される事業にはどのようなものがあるのでしょうか？

　免税事業者であることが想定される、フリーランスの事業者などと取引が多い事業者を整理すると以下のものが挙げられます。

フリーランス事業者との取引が多い業態

買手側業態	売手側事業者
WEB コンテンツ制作業	WEB デザイナー、ライターなど
システム開発	プログラマー、システムエンジニア、デザイナーなど
イベント主催	出演者など
学習塾、セミナー主催	講師
出版、音楽等の芸能	出演者、ディレクター、著者、編集者等
広告業	マーケッター
接客業	ホステス等

　第2章で登場したシバシステムもこうした業態に含まれます。また、最近ではこれ以外の業態でも雇用契約から委託契約に切り替えるケースもありますから、あらゆる事業でこうした問題は発生する可能性があるんです。

経過措置はこれからのつきあいをお互い考える期間

　サルシマ社長のように、これまでのつきあいを急激に変更することができずに悩んでいる事業者も多いことでしょう。

　ところで、こうした仕入税額控除減少の影響は、制度導入後、すぐに大きく受けるわけではなく、**導入後6年間は経過措置**（99ページ参照）によ

り、少しずつ増えることとなります。

経過措置による控除額の推移

2023.10.1　　　2026.10.1　　　2029.10.1

80% 控除　　　50% 控除　　　控除なし

サルシマ工務店
の場合

影響額 20 万円　　影響額 50 万円　　影響額 100 万円

なるほど、すぐに影響があるのは 20 万円程度か。この程度なら何とかなるかな。でも、今のまま続けるのはムリだから、うちの職人ともこの間になんとか話をつけないとな。

そうですね。**経過措置の期間は、お互いにこれからのつきあいを見直す期間**だと私は思っているんです。
社長の男気はわかりますが、どちらか一方が負担を受け入れないといけないのはフェアな取引ではありません。お互いが気持ちよく仕事できるために、この期間を使って話し合いを進めましょう。

そうだな、先生の言うとおりだよ。まだまだあいつらのためにも、この会社を潰すわけには行かないからな。

ここでのまとめ

☑　影響が大きい業態は、対応策を検討しよう。

☑　最後は話し合いを。経過措置の期間を使って、お互いが気持ちよく取引できる環境を。

2 免税事業者との交渉は何を気をつけたらいいんだろう？

価格交渉をしてはいけない…わけではない

　交渉にあたっては、第3章で確認した、公正取引委員会のガイドライン
「免税事業者及びその取引先のインボイス制度への対応に関するQ&A」（122
ページ参照）を参照し、違法行為に当たらないように注意しなければなり
ません。

　ガイドラインでは、取引上優越した地位にある事業者（買手）が、イン
ボイス制度実施後の免税事業者と行う取引について、取引価格の引下げの
交渉を行う際には**優越的地位の濫用**にあたらないよう注意を促しています。

　では、どういう場合にこれに当たるのでしょうか？

> なお、サルシマ工務店のような建設業者については、建設業法
> でも「**不当に低い請負代金の禁止**」として、同様の規定を設け
> ています。

取引価格の引下げの際、独占禁止法等で問題となるケース

　独占禁止法の適用にあたっては、免税事業者が課税事業者とならないこ
とから仕入税額控除が取れないことを理由に取引価格を引下げる場合につ
いて、以下のように記載されています。

取引価格の再交渉において、仕入税額控除が制限される分について、**免税事業者の仕入や諸経費の支払いに係る消費税の負担をも考慮した上で、**双方納得の上で取引価格を設定すれば、結果的に取引価格が引き下げられたとしても、独占禁止法上問題となるものではありません。

 なんだか難しいけど、お互い納得すりゃ、いいってことかな？

 はい、結論としてはそうなんですが、その続きにこんなことが書いてあるんです。

　しかし、再交渉が形式的なものにすぎず、仕入側の事業者（買手）の都合のみで著しく低い価格を設定し、**免税事業者が負担していた消費税額も払えないような価格を設定した場合**には、優越的地位の濫用として、独占禁止法上問題となります。

 ポイントは、免税事業者側にも負担した消費税があり、その消費税額が価格転嫁できないことが問題だということです。

売手側への減額要求

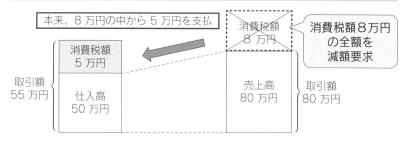

　たとえば、税込み55万円で仕入を行ったものを、税込み88万円で売っていたとします。この際に、売上の消費税分8万円の全額を値下げすると、仕入の消費税5万円が支払えなくなってしまいます。そのため、**値下げの交渉を行う場合には、この5万円を負担できる範囲でなければならない**というわけです。

契約交渉の範囲

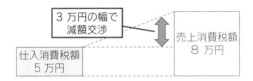

 それじゃあ、5万円分はうちが支払わないといけないのか？

 そうなります。まあ、制度変更は相手の責任ではないですし、お互いに負担し合うしかないですね。
ただし、サービス業と販売業を比較すると、仕入の負担は大きく異なりますから、交渉の余地の範囲は、業態によっても異なるんです。

業種別の違い

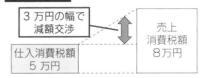

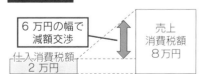

該当者が多い業態では自社の方針を定めることが重要

　こうした制度変更については、まず自社の方針を決めたうえで個々の事業者と交渉を行います。

　特に、中規模や大規模の企業では、**全社的な方針が固まっていないと、担当者レベルで判断ができないため、混乱を来してしまいます。**そのため、全社的な方針を定めたうえで、該当する取引先を集めた説明会を開催し、自社の方針の理解を求めたうえで、個々の事業者と面談の機会をもち、**丁寧に交渉を行うことが望ましいでしょう。**

大規模な企業では、契約自体を行う担当者にも制度の理解がないといけません。
そのため、担当者向けの説明会を別途開催することも必要です。

ここでのまとめ

☑ 値下げ交渉を行う際は、値下げ要求が可能な範囲を理解して交渉しよう。

☑ 交渉を行う際は、自社の方針を決め、混乱を避けよう。説明会を開くなど、交渉は丁寧に。

3　受注額はこのままでいいの？

まずは影響額を計算してみよう

　こうした対策を行うには、まずは現状を把握しなければ対策ができません。サルシマ工務店の取引先についても他社の現場も掛け持ちするサワタリさんや他の外注事業者については、課税事業者なのかどうかわかりません。

　そこで、**取引先事業者に書面等で現状やこれからの登録の有無を確認し、影響額を把握**します。

115ページにあるような書面を送付し、回答を記載してもらうとよいですよ。

うちも取引先は15社くらいあるから、確認しといたほうがいいな。

影響額を元に原価を再計算してみよう

　サルシマ工務店は、主に元請会社数社からの受注をもとに、一般住宅のリフォーム工事などを行っています。

　各現場で必要な内装、塗装、設備などの工事はサルシマ工務店から外注先に発注するため、元請会社からの受注額に応じて、工事原価を見積もり、受注の有無を決定します。

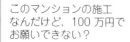

> このマンションの施工なんだけど、100万円でお願いできない？

> 工期はだいたい1週間か。職人は〇人工だから××円で確保して…

> やりましょう！

| 元請会社 | 下請会社 |

> ここで注意しなければいけないのが、原価項目の中に免税事業者への委託分が含まれていた場合には、**消費税相当額を含めた形で計算しないと、赤字工事になってしまう可能性がある**のです。

> そうだよなあ、つい発注額考えるときに消費税を無視して計算しちゃうけど、**実際は消費税分だけでも数万とか数十万になるかもしれない**からな。

インボイスの有無による利益率の影響

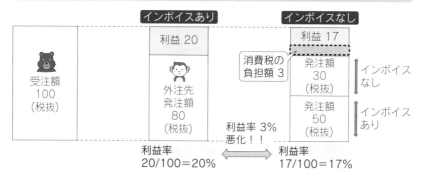

売上に関する交渉も考えよう

　こうした原価の上昇は、物価変動などと同様にサルシマ工務店の営業努力によって解消される問題ではありません。

　そこで、今後は、外注事業者への発注価格だけでなく、受注元の企業との請負金額についても交渉を行う必要があります。

　国土交通省のガイドライン（*）では、建設業法19条の3「**不当に低い請負代金の禁止**」に違反する行為として次のケースを上げています。

> 元請負人が、自らの予算額のみを基準として、下請負人との協議を行うことなく、下請負人による**見積額を大幅に下回る額で下請契約を締結した場合**

＊出典：国土交通省不動産・建設経済局建設業課
「建設業法令遵守ガイドライン（第8版）―元請負人と下請負人の関係に係る留意点―」
令和4年8月（下線は筆者加筆）

独占禁止法における「優越的地位の濫用（ゆうえつてきちいのらんよう）」や建設業法における「不当に低い請負代金の禁止」という規定は、課税事業者と免税事業者の間に関する法律ではなく、すべての事業者に対して適用されます。そのため、**自社の売上についても、不利益契約になっていないか見直すことも必要**なんです。

なるほどな。いままで利益をあまり考えないで、売上を上げることばっかり考えていたけど、きちんと見積もりしたうえで、受注額を決めないとな。

一方がムリばかり引き受けていたら、長くは続きませんからね。インボイス制度への対応で最も大切なことは、けっきょく「**コミュニケーション**」なんだと思うんです。

先生のいうとおり、「これから誰とどういう仕事をしたいのか？」を考える機会として、俺も考えてみるよ。

ここでのまとめ

☑ 免税事業者との取引を含む原価の高騰分も含めて原価計算を行おう。

☑ きちんとした見積もりで受注額の交渉も忘れずに。
制度変更を乗り切るにはコミュニケーションが最も大事。

4 取引先がインボイスを作れなかったら どうしよう？

インボイスは細かい事務処理が必要だけど……

インボイス制度では、法定要件を満たした請求書の保存が要件となります。事務処理が苦手な外注先にからも、きちんとしたインボイスがもらえる体制を作らなければなりません。

職人さんからはこれまできちんとした請求書をもらえていましたでしょうか？

毎回手書きで書いた請求書はもらっているよ。でも、事務作業なんてできないからな。しょっちゅう間違えてるし…

職人さんたちの分は、社長の方で計算して「**仕入明細書**」を作成してあげるといいですね。

仕入側が発行する仕入明細書の取扱い

デパートのような小売店など、買手が販売数量に応じて買い取りをするような業態では、買手が発行した「**仕入明細書**」を**売手側が確認**し、支払いを受けることが一般的です。

外注先の事務能力の問題があり、正しいインボイスがもらえない可能性がある場合には、これを応用し、買手側の事業者から仕入明細書を発行して確認をしてもらうようにするとよいでしょう。

仕入明細書による取引

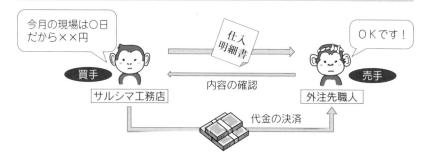

【仕入明細書による取引の流れ】

　①買手側が取引量を元に仕入額を算定する。

　②買手側が仕入明細書を作成し、売手側に送付。

　③売手側は受領した仕入明細書の内容を確認し、問題があれば修正を依頼。問題がなければ、その旨を伝える。

　④仕入明細書をもとに代金の決済を行う。

この売手の確認は、トラブルを防ぐために、口頭ではなく、メールなどで確認した履歴を残すようにしましょう。

毎回確認を取ることが難しい場合には、「**送付後一定期間内に誤りのある旨の連絡がない場合には記載内容のとおり確認があったものとする**」というような文言を仕入明細書に書いておくことで確認したものとすることがきます。

仕入明細書の記載内容

　仕入明細書は、インボイスの代替として取り扱うため、**インボイスの記載要件**（49ページ参照）**を満たしたもの**でなければなりません。

　そのため、この場合に記載する事業者番号は、仕入明細書を発行する買手側の登録番号ではなく、**売手側の登録番号**になります。事前に登録番号を聞いておき、リスト化したうえで、それぞれの仕入明細書に反映させるようにしましょう。

仕入明細書の記載例

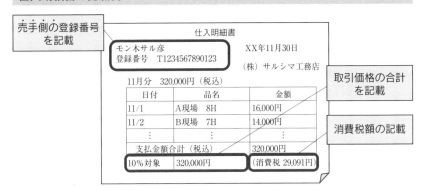

売手側の登録番号を記載

仕入明細書

モン木サル彦
登録番号　T1234567890123

XX年11月30日

（株）サルシマ工務店

11月分　320,000円（税込）

日付	品名	金額
11/1	A現場　8H	16,000円
11/2	B現場　7H	14,000円
⋮	⋮	⋮
支払金額合計（税込）		320,000円
10%対象	320,000円	（消費税 29,091円）

取引価格の合計を記載

消費税額の記載

 この**登録番号は外注先の番号を書く**んだな。

 はい、インボイスはあくまで売手側が発行するものですから、仕入明細書を発行する場合には、買手側である社長の方で外注先の登録番号を聞いて、記載してください。

 うちは、現場の日数で計算してるから、毎回うちで計算して請求書を書かせているけど、今後はこの計算表を仕入明細書にして確認してもらえばいいってわけだな。

 そうですね。事務処理に慣れている方でも、今回は細かな点に注意しなければならないですし、なるべく無理がないように処理を簡素化することも重要ですよね。

ここでのまとめ

☑ 外注先からインボイスの要件を満たす請求書の受領が難しい場合には、仕入明細書を用意する。

☑ 仕入明細書には売手側の番号を入力し、売手が内容の確認を取った履歴を残そう。

エピローグ　影響額を把握してコミュニケーションを

最初にうちが潰れちゃうかもしれないって先生が脅かすからさ、俺もひやひやしちゃったよ。
でも、ちゃんと問題点を整理すると、影響額もわかるし、どうにかなりそうな気がするよ。

そうですね。現状をまったく把握しないで問題が起きてから対応するのも問題ですし、わからないまま悩んでも仕方ないですからね。

コミュニケーションが大事ってことだね。いや、刺さるね。結局は取引先も職人たちも仲間だからさ、やっぱりお互い腹を割って話してみないとわかんないよな。

そのとおりです。お互いがフェアな取引になるように、法律上もきちんと整備されてますから、まずは制度の仕組みと法律上問題ない範囲を確認して対策を話し合うことが大事ですね。

さっそく、職人たちや取引先とも話してみるよ！

第5章

インボイスで
会社のDXを進めよう

クマト社長と
事務処理を簡単にする
方法を考えよう

この章で学ぶこと

- ・ インボイスの発行の義務化による影響を見てみよう。
- ・ インボイス制度と電子帳簿保存法の関係を整理しよう。
- ・ インボイス制度に対応するために経理処理を見直そう。
- ・ 請求書等のデータ保存の義務化について理解しよう。
- ・ これからの業務効率化についてみていこう。

この章の相談者

クマト社長　ベアーコンサルティング　代表取締役

○ ○　インボイスって手間が多いよね？
もっとデジタルでいけないの？

【プロフィール】
- ・ 某大手広告代理店を退職後、独立。
- ・ SNS を利用した広告運用に関するコンサルティングを行っている。
- ・ テレワークを推奨している関係上、経理業務の書類の多さが気になっている。

プロローグ インボイスで紙を減らしたい

インボイス制度になったら、すべての取引について、インボイスを保存しないといけなくなります。

なんだか、めんどくさいですよね、これ。いつも思うんですが、請求書とか領収書って紙で取っておかないといけないんですか？

いえ、そんなこともないんです。特に今は電子帳簿保存法も施行されたので、データ保存もしやすくなったんですよ。

それ、よく聞くけど実際なんか難しそうですよね。

全部をデータにしなければいけないわけではないんです。データでもインボイスの要件が整っていれば問題ないんです。

クレジットカードの明細とかではダメなんですよね？
何をどうやって整理したらいいのかわかりづらいですね。

そうですよね。どういう取引にどういうものを保存しないといけないのか整理してみましょう。

インボイスで請求書や領収書は どう変わる？

請求書は発行しないといけないの？

　請求書は、これまで Excel 等で作成し、ソフト上で作成された請求書をプリントして郵送するのが一般的でした。

　しかし、近年ではテレワークが定着したことに伴い、請求書をデータで送るケースが増えています。

前から疑問に思っていたんですが、請求書を PDF で送るって法律上、問題ないんですか？

はい、問題ないです。というか、そもそも請求書自体を送付する義務は現状ないんです。

え？　うそでしょ？
だって、仕入の請求書は取っておかないといけないことになっていますよね？

　請求書や領収書は、これまで法律による発行が義務付けられていませんでした。唯一領収書について記載がある民法では、「金銭の受領証」として、**代金を受け取った人から、受領証が欲しいと求められた場合にだけ発行すべし！**との決まりがあっただけです。

　しかし、実際には請求書や領収書がなければ正しい税金の申告もできないし、税法上も経費の支払いの有無が確認できる請求書などを取っておかないといけないものとされています。

請求書は発行しなくてもいい？！

代金は10万円で！

うちは請求書出してないんで。

売手側

代金の支払い

買手側

え？経費が認められなくなっちゃうんですが…

支払いの事実をどう証明するの？

 インボイス導入前においても、消費税では「**区分記載請求書等保存方式**（95 ページ参照）」に基づく記載要件を満たした請求書等とその請求書等に基づく帳簿の保存が要件とされていました。
そのため、これに基づく請求書等がない場合は、一部の例外を除き、**仕入税額控除が認められなかった**んです。

 なんだか矛盾してますよね。売手側には発行義務がないのに、買手側は保存しないと認めないだなんて。

 そうなんです、ですから、この矛盾を解消するために、インボイス制度では、**売手側のインボイスの発行は義務**となってる（53 ページ参照）のです。

インボイスの発行は適格請求書発行事業者の義務

　つまり、これまで請求書や領収書のやり取りが行われていたのは、ないとお互いが困るから、**お互いために発行することが商習慣化されていただけ**なのです。
　また、今どきのデータ社会では、そもそも発行義務がないんだから、必

要であればデータでやり取りすることも問題ないと、法律とは別に、慣例として請求書をデータで発行することが一般化していったのです。そこで、こうした流れを受け、民法上の規定もデータ発行ができるよう改正され、**さらにインボイス制度における請求書等の保存はデータでも紙でもよい**とされました。

インボイス制度では？

代金は10万円で！

わかりました

請求書 OR PDF

請求書の発行を
お願いします！

買手が求めた
場合には発行
義務がある！

売手側
適格請求書発行事業者

代金の支払い

買手側

請求書には印鑑がなくてもいいの？

請求書のデータ送信は確かに便利ですが、紙と違って押印することができません。これは問題にならないのでしょうか？

実は、請求書の発行義務が法律上なかったように、請求書の**印鑑も法律の根拠はありません**。請求書の発行ソフトを利用すれば、印影を画像ファイルで加えられるものもあるし、インボイスの法定要件を満たした請求書も、メールで送付できるので便利です。

これまで、印鑑が必要とされていたのも、改ざんを防ぐためと言われています。
気になるのであれば、印影の画像ファイルを請求書の PDF に書き込むことができる電子印鑑というものもありますので、検討してみてもいいかもしれませんね。

電子印鑑

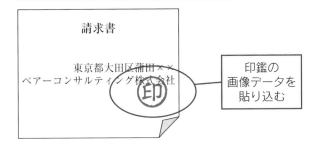

でも、これだと改ざんを防止するような効果はないですよね？

そうですね。もともと、請求書の押印自体が認印でしたし、あくまで同様の効果で、なくてもまったく問題はないですよ。

ここでのまとめ

- ☑ これまで請求書の発行はしなくてもよかったけど、インボイス制度導入後は、請求書の発行が義務化。
- ☑ インボイス制度では、請求書等はデータ保存でもよい。

2 電子帳簿保存法でクレジットカード明細 はインボイスになる？

仕入税額控除の要件となる請求書はデータでいいの？

　前述のように、請求書の発行はデータの発行でもよいとされているため、仕入税額控除の要件となる請求書等の保存もデータでもよいこととなっています。

　ここでいうデータとはどういうものを指すのでしょうか？

データの要件は、インボイスの記載事項の要件（49 ページ）を満たすものであれば形式は問われません。
そのため、メールの本文に書きこまれたデータでもよいですし、通販サイトの決済画面の画面コピーでも大丈夫です。

カード決済されているものがあれば、**カード明細を取っておけ**ばいいって聞いたんですが、それで大丈夫ですか？

いえ、それは**電子帳簿保存法**の話ですね。ちょっと、そのあたりは勘違いがあるので、整理しておきましょう。

電子帳簿保存法とは？

　帳簿の作成のために集められた請求書や領収書、それらをもとに作成された帳簿は、会計ソフトを利用して作成されたものも含めて、これまですべて「紙」で保存しなければならないこととされていました。つまり、デー

タは「いったん紙でプリントし、保存」が原則とされていたのです。

　ネット取引が日常的となった令和の時代、紙の領収書をもらわないことも増えています。そこで、「データがあるものはデータで保存するためのルール化をしよう！」、そうした目的のために作られた法律が**電子帳簿保存法**（通称「電帳法」）なのです。

電子帳簿保存法とは？

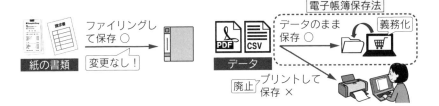

　紙でもらった請求書でも問題ないんですか？

　はい、そうなんです。現状の電子帳簿保存法では、**データでももらったものについてだけ**、**データで保存することが義務化**されていますが、紙で発行されたものについては、データにすることが義務化されてはいないんです。
　それに、インボイス制度については、紙でもいいとされていますよ。

　ええ？？
　電子帳簿保存法はデータ保存義務化なのに、インボイスでは紙でもいいんですか？？

　あ、それは単に適用範囲が違うということなんです。

電子帳簿保存法とインボイスの関係

電子帳簿保存法は、主に法人税や所得税の計算の根拠となった資料について、データでの保存方法を示した法律です。これらの税金の計算においては、**計上した経費の内容の証拠**として請求書や領収書の保存を求めています。これに対し、インボイス制度では、消費税の**仕入税額控除の適用を受けたい場合**に、その適正性を示す書類として**記載要件を満たした書類の保存**を求めています。

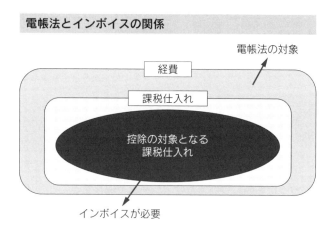

電帳法とインボイスの関係

電帳法の対象

経費

課税仕入れ

控除の対象となる
課税仕入れ

インボイスが必要

たとえば、クレジットカードのデータがあれば、それは電帳法のデータ保存の対象になりますが、その中に課税仕入れのものがあれば、カードデータだけではインボイスの記載要件は満たされないですよね？だから、その場合には紙でもらったレシートが別途必要になるというわけです。

なるほど。けっきょくレシートも必要になるのか。

ちょっと、ケース別に整理してみましょう。

データの形式等の違いによる保存方式の比較

データの形式等	電子帳簿保存法	インボイス制度
仕入税額控除を受けたい経費の請求書のデータ	フォーマットに関わらず保存 OK	記載要件を満たしたものを保存
ネットショッピング等の購入記録	すべてダウンロードして保存	仕入税額控除に関するものは、記載要件を満たした画像などを保存
EDI(※)システムのデータ	EDI のデータのまま保存	登録番号等、不足情報が記載されている書面を別途発行すれば、そのまま保存で OK
クレジットカード明細	PDF や CSV 等のファイルでの保存で OK	インボイスではないので、不可。別途、インボイスの要件を満たすレシート等を保存
交通費の IC カードのデータ	会計ソフト等で取り込んだデータや CSV データでの保存で OK	保存義務なし（105 ページ参照）
課税仕入れになる適格請求書等発行事業者以外の者からの請求書のデータ	フォーマットに関わらず保存 OK	区分記載請求書等保存方式（48 ページ）の要件を満たす請求書を保存
非課税経費など課税仕入れに当たらない経費の請求書データ	フォーマットに関わらず保存 OK	保存要件なし
簡易課税・2 割特例の場合	フォーマットに関わらず保存 OK	保存要件なし
紙でプリントして保存した場合	保存義務を満たさない	紙の保存でも OK

（※）225 ページ参照

原則課税と簡易課税制度（2 割特例）による比較

原則課税と簡易課税制度、2 割特例のそれぞれの場合について考えてみ

ましょう。**電子帳簿保存法上のデータ保存**は、もともと消費税の計算方法とは関係がないので、**いずれの場合にも適用があります**。これに対し、インボイスについては、原則課税の場合必要となりますが、簡易課税や2割特例では必要ありません。そのため、原則課税の場合には、クレジットカード明細などのデータとは別に、領収書などの**インボイスの要件を満たす書面を別途保存**しなければなりません。

原則課税と簡易課税制度の比較

原則課税

簡易課税制度・2割特例

クレジットカード明細のPDFだけでOK

| 電子帳簿保法上のデータ保存義務 | インボイスの保存義務 | 電子帳簿保存法上のデータ保存義務 | インボイスの保存義務なし |

 これからは、カード明細だけではまずいんですね。

 そうなんです。以前は仕入税額控除の保存要件に、3万円未満の少額のものについて不要とされる特例があったのですが、それが撤廃されてしまったため、交通費等の一部の例外取引や第2章❼の小規模事業者の特例の適用がある場合以外は少額でもすべてインボイスが必要になります。
これまで、カード明細しか保存していなかった人は注意が必要ですね！

 それって、たとえばソフトの利用料とか、カードの引き落としのものもいるってことですよね？

そうなります。定額のサブスクリプションサービスになっているものも、明細をダウンロードしてフォルダに整理しておく必要があります。

たいへんだ！！

こういうものに気を付けよう

ネット通販での備品の購入	サブスクリプションサービスの利用料	ネットバンキングの利用料・振込手数料
配車アプリでのタクシー利用料	口座引き落としの光熱費・通信費	デリバリーサービスの利用料

決済画面のコピーやWEB上の請求書をダウンロードする
（事業者番号がない場合は、別途番号のあるページを保存）

ここでのまとめ

- ☑ データでもらった請求書等は、データのまま保存しよう。紙でもらったものは紙のままで OK。
- ☑ インボイスの必要なケースと必要でないケースを整理しよう。

3 インボイス制度が始まったら経理の業務フローはどうしたらいいんだろう？

経理業務のフローを見直そう

　インボイス制度では、これまで以上に書類の保存環境に注意をしなければいけません。これまでの注意点を踏まえ、各取引についてインボイスが問題なく揃う環境になっているのか確認しましょう。

　まず、売上側については**発行したインボイスの保存義務**があります。
　そのため、発行したインボイスの内容と同等の内容が網羅されたインボイスが保存できるかどうかを検討します。

　うちは、まだ取引件数も少ないので請求書は Excel のフォーマットに書き込んでいるんですよね。
　そろそろ、システムとか入れた方がいいでしょうか？

発行したインボイス（売上）の管理

　請求書については、クマトさんのように、Excel などのフォーマットに書き込んだものを利用しているケースは多いでしょう。また、手書きの請求書用紙に記載しているケースもあります。この場合に、インボイス制度にあたり、注意しなければならない点は下記のとおりです。

① 発行したインボイスと同様のものが保存されているか？
② 修正を行った際は、修正前の請求書も保存されているか？

クマトさんは、請求金額の修正が入った場合には、請求書を再発行していますか？

基本的には再発行していますが、正直なところ全部ちゃんとあるかというと…。

そういうケースは多いですよね。では、再発行するときは、データを上書きしていますか？

ええ、もとのデータの修正箇所を上書きして出し直しています。これって、まずいんですか？？

請求書には、連番をつけて発行する

　Excel の請求書の場合、データの上書きが簡単にできてしまいます。しかし、適格請求書発行事業者の義務には、修正したインボイスの発行義務もありますから、正式なインボイスと同様に、修正前の誤ったインボイスも保管しておく必要があります。

　このときに、一般的な経理のルールとして、請求書を発行する場合には、**管理番号を連番で付し、再発行の場合も新しい番号を付して発行し直すこと**が望ましいとされています。

請求書の発行例

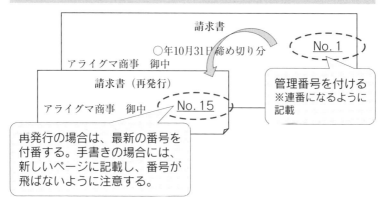

 Excel のデータは上書きができてしまいますので、できれば**発行した都度 PDF にしてデータを保存**しておいた方がいいでしょう。

 売上の請求書も電子帳簿保存法の保存対象になるんですよね？フォルダの整理方法も考えないといけないですね。

経費精算のルールを見直そう

　次に費用についてですが、インボイス制度の対象となるものは、請求払いのものに限りません。立替経費精算などの対象となる移動交通費、消耗品や書籍などの購入代、会食や打ち合わせの際の飲食代などの際に受領する**レシート**も対象になります。

　こうした費用も**電子帳簿保存法のデータ保存**について、検討しなければなりません。

電車賃はインボイスがなくてもいいんですよね？

そうですね。なくても仕入税額控除ができる取引（105 ページ参照）です。

申請者にわかるように何が必要で何がいらないのかを**マニュアル化**する必要がありますね。それに、インボイスがいる取引は、**登録番号のチェックを誰がやるのか**という問題も出てきますから、経費精算のルールを再度見直す必要があります。

そうですよね！！それ、全部私がやっていたらとてもじゃないけど処理できませんよ。提出前にやってもらうようにルール変更しないといけないですね。

　ベアーコンサルティングには、現在 3 人の従業員がいます。各従業員が使った経費は月末までに各自で経費精算書を作成し、領収書と併せて提出することとなっています。

経費精算書の例

立替経費精算書

12月度
①12/1　交通費　500円
②12/6　切手代　84円
③12/5　喫茶ベア
　　　　打ち合わせお茶代
　　　　　　　1,000円
　　　　…

②

③

該当する領収書を添付する

今まで、ネットショッピングなどで購入した場合は、明細をプリントして提出してもらってましたけど、電子帳簿保存法を考えると、これからは**データでもらわないといけない**んですよね？

はい、これからはそうなります。経費精算用のフォルダを用意して、そこに入れてもらうようにするといいと思います。

でも、紙でもらうものもありますよね？そこの整理難しいですよね。

そうですね。立替経費精算書の中で、どちらでもらったのかわかるようにしておくといいと思いますよ。

経費精算書の作成例

立替経費精算書

管理番号　15

申請日　2023/11/2
所属　　システム開発部
氏名　　オオクマ　ケンゴ

インボイスがあるものは要件を確認してもらい、チェックを入れてもらう。

日付	支払先	内容	金額	インボイス	データ	紙
10月8日	クマート	ボールペン	150	○		①
10月10日	ベアコーヒー	打ち合わせお茶代	1,800			②
10月10日	JR	交通費（渋谷⇔神田）	400			
10月12日	クマダ交通	タクシー代	2,500	○	③	
10月28日	Baerle	会食（ポーラ企画/隈川様、佐熊様）	28,000	○		④
合計			32,850			

領収書に番号を振り、提出した方の番号を入れる。

インボイスの要件チェックについては、確認方法のマニュアルを作成し、毎回チェックしてもらったうえで提出してもらうようにするといいと思います。

そうですね。提出前に番号の確認やフォーマットの確認をしてもらって、問題があるものは申請前に提出者の方で再発行を依頼してもらった方がいいですね。

証拠となる領収書は紙なのかデータなのかも立替経費精算上で、該当資料に番号を振ってわかるようにしておくと、管理がしやすいですね。

旅費規程の作成を検討しよう

　出張旅費に関しては、出張先での細々とした支払いの領収書を取って精算するのではなく、1 日当たりの<ruby>日当<rt>にっとう</rt></ruby>を定めて、出張者に渡し、精算しないという方法も認められています。

　この方法を採用する場合には、事前に「**旅費規程**」で支給金額や精算方法などを定めておく必要があります。

　なお、旅費として支給した金額は、支給額の全額が課税仕入れとなり、**インボイスがなくても一定事項を帳簿に記載するだけで、仕入税額控除が認められます**（105 ページ参照）。

通常の経費精算と旅費規程による出張旅費の違い

通常の経費精算による出張旅費

経費精算書とともに領収書を提出して、使用した金額の精算を行う

旅費規程による出張旅費

規程どおりの金額を渡切。精算不要。

・内容ごとに仕入税額控除ができるか否かを判定
・インボイスの保存を要件に仕入税額控除可

・出張前に規定通りの金額の支給を行う。
・インボイスの保存は不要。
・帳簿のみの保存で仕入税額控除が認められる取引のうち、「出張旅費等」に該当する旨を帳簿に記載

旅費規程による出張旅費の例と帳簿の記載

役職	日当		宿泊費（1泊）
	日帰り出張	宿泊出張	
部長	4,000円	5,000円	15,000円
課長	3,000円	4,000円	12,000円
一般	2,500円	3,500円	10,000円

総勘定元帳

【旅費交通費】

旅費規程の適用である旨を記載

（単位：円）

日付	相手勘定	摘要	貸方	借方	残高
9/10	現金	出張者日当　※旅費規程による	10,000		10,000
9/10	現金	出張者宿泊費　※旅費規程による	15,000		25,000

これ、便利ですね。領収書を集めなくていいならチェックも楽だし、インボイスもいらないのであれば問題になることもないですものね。

インボイスの特例は、会社が給料と一緒に支払う通勤手当についても同様の取扱いになります。

通勤手当も仕入税額控除ができるんですね！！

そうなんです。インボイス制度は経理業務の負担が大きくなるので、人が足りない中小企業では、とにかく無理なくできる方法を考えていくことが大事だと思いますよ。

ここでのまとめ

☑ 請求書は上書きせずに、すべてのデータが残るように保存しよう。修正した場合も新しい番号で再発行。

☑ 立替経費精算でもデータでもらった領収書はデータで残るように保存方法を検討しよう。

☑ インボイスの保存の必要がない旅費規程の作成も検討しよう。

207

データの保存要件はどうなっている？

データ保存の要件

　インボイス制度では、これまで原則として紙での保存が義務とされていた請求書や領収書の保存もデータでの保存ができるように改正されました。また、電子帳簿保存法では、**データでもらった請求書等はデータでの保存が義務化**されています。

　ここでは、データ保存制度の要件を確認しましょう。

電子帳簿保存法におけるデータ保存の要件

真実性の要件	以下の**いずれかの措置**を行うこと ①相手からタイムスタンプが付された後、データをもらう ②データをもらった後、一定期間内にタイムスタンプを付す ③データの訂正・削除を行うことができないシステムで保存 　または、訂正・削除を行った場合にはこれらの事実を確認できるシステムを利用する ④訂正・削除に関する**事務処理規程**を定め、その規程に沿った運用をする
可視性の要件	パソコン、ディスプレイ、プリンタなどの**出力機器とソフトの操作マニュアル**を備え付けること また、画面やプリントしたものに、データをきれいに出力できること
	システム概要書を備え付けること
	3つの検索機能を確保すること ①取引年月日その他の日付、取引金額、取引先で検索できる ②日付又は金額の範囲を指定して検索できる ③2以上の任意の項目を組み合わせて検索できる ※検索要件については、売上高が5,000万円以下である場合や税務調査の際に、調査官のダウンロードの求めに応じることができるようにしている場合は不要（215ページ参照）

　電子帳簿保存法では、データの保存方法について、「**真実性**」と「**可視性**」という 2 つの観点から上記の内容が要件とされています。

真実性の要件はデータの改ざんが起きない体制作り

　このうち、**真実性の要件**は、上記の 4 つの項目のうち、**いずれか 1 つの項目を満たせばいい**とされています。

真実性の要件　※いずれかを満たせば OK

相手がタイムスタンプを付与したデータを受領

ハッシュ値
付与

受領したデータに自社でタイムスタンプを付与

訂正・削除ができないシステムを利用

訂正・削除に関する事務処理規定を定める

　このうち、最も簡単な方法は、**事務処理規程を定めること**です。国税庁のサイトに規定のひな形（210 ページ参照）がありますから、これを活用するといいでしょう。

わん！ポイント　【タイムスタンプとは？】

　ある時刻において、そのデータが存在していたことやその時点以降改ざんされていないことを証明することができるセキュリティ上の技術。一般的に、専用のソフトやスタンプを押印するための料金が必要。

電子取引データの訂正及び削除の防止に関する事務処理規程

第1章　総則

（目的）
第1条　この規程は、電子計算機を使用して作成する国税関係帳簿書類の保存方法の特例に関する法律第7条に定められた電子取引の取引情報に係る電磁的記録の保存義務を履行するため、○○において行った電子取引の取引情報に係る電磁的記録を適正に保存するために必要な事項を定め、これに基づき保存することを目的とする。

（適用範囲）
第2条　この規程は、○○の全ての役員及び従業員（契約社員、パートタイマー及び派遣社員を含む。以下同じ。）に対して適用する。

（管理責任者）
第3条　この規程の管理責任者は、○○とする。

第2章　電子取引データの取扱い

（電子取引の範囲）
第4条　当社における電子取引の範囲は以下に掲げる取引とする。
　一　EDI取引
　二　電子メールを利用した請求書等の授受
　三　□□（クラウドサービス）を利用した請求書等の授受
　四　・・・・・
　記載に当たってはその範囲を具体的に記載してください

（取引データの保存）
第5条　取引先から受領した取引関係情報及び取引相手に提供した取引関係情報のうち、第6条に定めるデータについては、保存サーバ内に△△年間保存する。

（対象となるデータ）
第6条　保存する取引関係情報は以下のとおりとする。
　一　見積依頼情報
　二　見積回答情報
　三　確定注文情報
　四　注文請け情報
　五　納品情報
　六　支払情報
　七　△△

（運用体制）

第7条　保存する取引関係情報の管理責任者及び処理責任者は以下のとおりとする。

　　一　管理責任者　○○部△△課　課長　XXXX

　　二　処理責任者　○○部△△課　係長　XXXX

（訂正削除の原則禁止）

第8条　保存する取引関係情報の内容について、訂正及び削除をすることは原則禁止とする。

（訂正削除を行う場合）

第9条　業務処理上やむを得ない理由によって保存する取引関係情報を訂正または削除する場合は、処理責任者は「取引情報訂正・削除申請書」に以下の内容を記載の上、管理責任者へ提出すること。

　　一　申請日

　　二　取引伝票番号

　　三　取引件名

　　四　取引先名

　　五　訂正・削除日付

　　六　訂正・削除内容

　　七　訂正・削除理由

　　八　処理担当者名

2　管理責任者は、「取引情報訂正・削除申請書」の提出を受けた場合は、正当な理由があると認める場合のみ承認する。

3　管理責任者は、前項において承認した場合は、処理責任者に対して取引関係情報の訂正及び削除を指示する。

4　処理責任者は、取引関係情報の訂正及び削除を行った場合は、当該取引関係情報に訂正・削除履歴がある旨の情報を付すとともに「取引情報訂正・削除完了報告書」を作成し、当該報告書を管理責任者に提出する。

5　「取引情報訂正・削除申請書」及び「取引情報訂正・削除完了報告書」は、事後に訂正・削除履歴の確認作業が行えるよう整然とした形で、訂正・削除の対象となった取引データの保存期間が満了するまで保存する。

附則

（施行）

第10条　この規程は、令和○年○月○日から施行する。

電子取引データの訂正及び削除の防止に関する事務処理規程

　この規程は、電子計算機を使用して作成する国税関係帳簿書類の保存方法の特例に関する法律第7条に定められた電子取引の取引情報に係る電磁的記録の保存義務を適正に履行するために必要な事項を定め、これに基づき保存することとする。

(訂正削除の原則禁止)
　保存する取引関係情報の内容について、訂正及び削除をすることは原則禁止とする。

(訂正削除を行う場合)
　業務処理上やむを得ない理由（正当な理由がある場合に限る。）によって保存する取引関係情報を訂正又は削除する場合は、「取引情報訂正・削除申請書」に以下の内容を記載の上、事後に訂正・削除履歴の確認作業が行えるよう整然とした形で、当該取引関係情報の保存期間に合わせて保存することをもって当該取引情報の訂正及び削除を行う。
　一　申請日
　二　取引伝票番号
　三　取引件名
　四　取引先名
　五　訂正・削除日付
　六　訂正・削除内容
　七　訂正・削除理由
　八　処理担当者名

　この規程は、令和○年○月○日から施行する。

規程を 1 回作るだけでいいんですか？

はい、そうなんです。真実性の要件は、**改ざんをしないような経理体制になっているか？**という点に関する要件なのですが、他の項目はこうした要件を満たす機能をもった会計ソフトなどを用意しなければなりません。

そうなんですね。それなら、規程を作るだけで済めばありがたいな。

この規定の内容は①**原則訂正や削除を行ってはならない**、②**どういうケースならそれができるのか？**という点について定めてるだけなので、そんなに難しい内容はないんですよ。

可視性の要件は税務調査対応

可視性の要件は、**税務調査での対応**に関する規定です。

税務調査では、通常、調査対象期間における取引内容の確認として、請求書や領収書のファイルを出して対応します。

データ保存においてもこれと同じように、調査官が調査に必要なデータを**その場ですぐに検索して見つけることができるような体制**となっていることが要件です。

保存方法による税務調査の違い

紙ベースの税務調査

データベースの税務調査

ファイリングされた書類の束から該当する領収書等を探してチェック

保存されたデータの中から、該当する領収書等を検索してチェック

 調査の時はパソコンが使えるようにしておかないといけないということですか？

 そうなんです。データ保存はあくまで、データのままの状態が原本なので、モニターで見えるようにしておいたり、プリントして打ち出せるようにしておくことも求められます。

 検索がかからないといけないというのは難しいですね。テレビCMでやっているようなソフトがないとダメですか？

 パソコンのファイル検索機能で探せれば大丈夫です。でも、**最低限、日付、金額、取引先名で検索がかからないといけないの**で、ファイル名を検索がかかるように変更するとか、整理方法に工夫が必要ですね。

　ファイルの保存方法について、国税庁のサイトでは下記のように Excel でファイルリストを作成する方法やファイル名に検索事項を付け、**検索させる方法**を推奨しています。

ファイルの整理方法

ファイルリストを作成する方法

連番	日付	金額	取引先	備考
①	20210131	110,000	(株)霞商会	請求書
②	20210210	330,000	国税工務店(株)	注文書
③	20210228	330,000	国税工務店(株)	領収書

ファイル名で検索させる方法

20210131_(株)霞商店_110000

> このリストを作るのか…なかなか大変だな。
> もっと、簡単にできる方法ないんですかねえ。

> これが望ましいとされているんですが、そうはいってもここまでそろえるのは難しいというのは税務署も理解しているんです。そこで、実は検索要件が満たされない保存方法でも、**一定の例外に当てはまる場合には、検索自体ができなくても問題ない**とされているんです。

検索要件に関する特例

　検索要件をしっかり満たすような運用方法は、ファイルの保存用のソフトが用意できなかったり、Excel 等での管理が難しい事業者も数多くいます。

　そこで、下記の要件のどちらかに該当する場合には、検索ができなかったとしても問題ないこととされています。

【検索要件を満たさなくてもよい場合】

① 判定期間（前々年又は前々事業年度）の売上高が **5,000万円以下**である事業者

② 税務調査などの際に、**そのデータをプリントしたもの**（紙にきれいに出力されたもので、日付や取引先ごとに整理されたもの）の提示又は提出の求めに応じることができる事業者

2024（令和6）年の場合の判定期間の例

 どちらかでいいということは、税務調査のときに該当する書類を探して渡すことができればいいということですか？

 そうなります。ですから、ひとまず、請求書を保管するフォルダを決めて、そこに入れて、整理しておいてもらえばいいということですね。

 メールでもらうものだけじゃなくて、自分でダウンロードして保管しておかないといけないものもあるし、フォルダにいれることだけは徹底しておかないといけないってことですね。

データ保存の準備ができない場合

　さらに、データ保存の対応ができないことについて、**相当の理由**があり、かつ、税務調査の際、データの**ダウンロード**の求めに応じることができ、さらに**紙**にプリントしたものを提示又は提出をすることができるようになっていれば、**保存要件を不要**としたデータ保存でも認められます。

データは勝手に見られたりしないの？

　ところで、調査官に見てもらうパソコンには、請求書や領収書のデータ以外にもたくさんの会社のデータが詰まっている可能性もあります。パソコンを使ってもらうということは、調査で不利な状況になったりしないのでしょうか？

> でも、これってパソコンを税務署の人に使わせてあげるということですよね…
> それって、勝手に余計なことを調べられたりしませんか？

> そういった心配は出てくると思いますが、見せなければいけないのは**電子帳簿保存法のデータ保存に対応している部分だけ**ですから、フォルダを「ここだけ見せられる」という状態に整理しておくことも重要なんです。

> 余計なところを見られそうになったら、「やめてください」って言ってもいいですかね？

はい、大丈夫です。でも、心配でしたら、パソコンなどの機材は普段使っているものでなくても問題ありませんから、調査の際に使ってもらうパソコンには、該当フォルダだけ見ることができるように**アクセス制限**をつけておくなどの対策をしておくといいと思います。

　なお、出力装置はスマートフォンでも問題ありません。ただし、パソコン同様に検索できるようにしておかなければなりません。

　プリンタに関しても必ず保有していなければならないというわけではなく、たとえば調査官に指定されたものについて、近所のコンビニなどを利用して出力するなど、調査に協力できる体制にしておくことが重要です。

ここでのまとめ

- ☑ 真実性の要件は、事務処理規程を作成しよう。
- ☑ 可視性の要件は、ファイルの整理方法と調査に対応する機材について注意しよう。
- ☑ データ保存が難しい場合には特例の措置に該当するかも検討しよう。

5 クラウド会計ソフトって ぶっちゃけどうなの？

会計ソフトは進化している

　インボイス制度の導入や電子帳簿保存法の改正といった大きな制度改正においては、これまでどおりのやり方では対応できない問題点が多く発生します。特に**インボイスの要件チェックやデータ保存における検索要件確保のためのファイルの整理**など、日々の業務における負担が増えてしまうことは想定しておかなければなりません。

　これらの問題について、システム等の活用により解決できるのでしょうか？

> 先生、いろんなやり方を教えていただいたのですが、うちも設立時より規模も大きくなってきたし、そろそろ会計ソフトとかを導入した方がいいんでしょうか？

> そうですね、実際はこれらに対応した機能を実装しているソフトも多いので、導入した方が管理は楽になると思いますよ。気になるのであれば、少し検討してみましょう。

クラウド会計ソフトってなんだろう？

　経理業務の効率化のためのツールとしてここ数年注目されているのが、**クラウド会計ソフト**です。便利な機能がたくさんついており、業務効率化に役立つ仕組みが満載です。

ただし、従来の会計ソフトと異なり、**データを活用することを前提に設計されている**ので、これをうまく活用するには、業務フローの設計が重要になります。

わん！ポイント　【クラウドとは？】

　　　　　クラウド・コンピューティングの略。ユーザがサーバーやソフトウェアそのものを保有しなくても、インターネットを通じてサービス提供者から必要な分だけ利用させてもらうことができる技術。クラウド会計ソフトはインターネット上で利用できる会計ソフト。

　使い方が難しいんですか？

　いえ、これまでの会計ソフトと違って仕訳入力を前提としていないから、クマトさんのような簿記がわからない人にとってもわかりやすいんです。

データを活用した経理処理

　会計ソフトは、帳簿を作成するためのソフトです。そのため、従来の経理処理では、Excelなどで作成した請求書のデータから売上を計上したり、レシートの内容を1枚1枚確認しながら入力するという作業が必要でした。

　こうした作業は、簿記の知識が必要であったため、専門的な知識のある経理の担当者を置いて作業をしてもらうのが一般的でした。

　しかし、これとは別に請求書の作成ソフトや経費精算ソフトなど多くの作業が専用のソフトで行えるようになったこともあり、**こうしたソフトの**

データを直接会計ソフトに取り込むことで売上や経費の帳簿への計上ができるようになったのです。

ソフト同士の連携機能を利用した経理処理の例

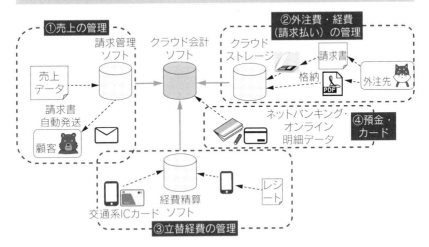

①売上の管理
　請求書の発行は、「**請求管理ソフト**」に**売上データを入力**。請求管理ソフトから直接顧客へ請求書をメール送信。
　ネットバンキングのデータから取り込んだ入金情報を元に、売上の入金を自動で確認。仕訳連携機能で帳簿への売上計上。

②外注費・経費（請求払い）の管理
　外注先等から届いた請求書のうち、PDF などのファイルで届いたものはそのまま「**クラウドストレージ**」に入れる。紙のものはスキャナでデータを取ってファイル化したら同様にクラウドストレージに入れる。ストレージ内のファイルをデータ解析により、仕訳データ化し、帳簿へ経費として計上。帳簿と元になる請求書を紐づけて管理ができる。

③立替経費の管理
　経費精算は、社員各自がスマートフォンでレシート等の写真を撮り、**経**

費精算ソフト」にアップロード。交通費は交通系ICカードのデータを直接取り込む。経費精算ソフト上で担当者がチェックし、問題がなければ、申請内容を仕訳データ化し、帳簿に計上。

④預金やクレジットカードのデータ

ネットバンキングやオンライン明細のサイトから直接データを連携し、仕訳データとして計上。

いろんなデータが直接取り込めるんですね。確かに便利そうだな。

請求管理ソフトと経費精算ソフト、クラウドストレージをそれぞれ利用していただければ、ファイルのリスト（215ページ参照）を別途作成する手間が省けるし、書類の管理がとても楽になるんです。

請求書の発行はExcelだと請求漏れの確認とかが面倒だし、この辺はソフトを使った方が良さそうですね。
経費精算も最近は量が増えてきたし、写真撮って申請できるなら申請作業も楽そうだな。

データ保存はどこまでやるのかの線引きが重要

ソフトを使う際の注意点は、どこまでデジタルで対応するかの線引きを決めることです。

実は、電子帳簿保存法では、紙の請求書や領収書をファイル化した際も、一定ルールで保管すれば紙の原本は廃棄できます。

しかし、そのためには**データの作成期間などの細かい要件**があり、これを

守った形での保管ができていなければ、**青色申告の取消しなどのペナル
ティー**があります。きちんとした体制が整わないうちに、安易に取り入れ
るのは危険だということを理解しましょう。

わん！ポイント　【青色申告とは？】

　　　　　所得税や法人税の計算の際に、帳簿を作成し、その帳簿に
　　　　基づき税金の計算を行うことで、さまざまな税務上の特典が
　　　　受けられる制度。青色申告は、納税者からの申請により認め
られる制度であるが、青色申告の要件に、帳簿の作成の元となった書類の
保存が義務付けらているため、要件どおりに保存がされていないと、青色
申告が取消となってしまう恐れがある。

紙の書類もかさばるから、全部ファイル化してデータだけにし
たいんだけど、そんなに大変なんですか？

紙をデータ化したものについては、**概ね2ヵ月以内にタイムス
タンプ**（209ページ参照）という特殊な時刻データをファイル
に付して保管しなければならないんです。
なので、職員全員が決められたサイクルどおりに経理処理をで
きる環境が整わないうちはリスクが大きいんです。

なるほど。確かに本来は徹底させないといけないけど、何カ月
も前の領収書を出し漏れていたって持ってくる社員もいるし、
きちんと経理担当の社員を付けられるようになってからの方が
良さそうですね。

タイムスタンプ自体は、以前は特定の事業者でしか処理できないためハードルが高かったのですが、**オンラインストレージ自体にタイムスタンプの機能がついているもの**も増えてきているので、だんだんと使いやすい環境には変わっていますよ。

請求環境を変えていく、デジタルインボイス

こうしたソフトの利用により、経理業務はデジタルでどんどん楽に処理できるようになってきています。しかし、自社内でどれだけデジタル化できても、取引相手がこれに対応していなければ、紙をデータ化する作業が必要となり、かえって整理が煩雑になってしまいます。つまり、**本当のデジタル化は、社会全体を巻き込み行わなければ意味がない**のです。

こうした点を踏まえて、今回法制度化されたインボイス制度を契機として始まったのが**デジタルインボイス**の取り組みです。

デジタルインボイスで取引が簡単に！

デジタルインボイスは、**経理業務の生産性向上のために業務のプロセスから見直し、「デジタル化」を目指すためのツール**です。

すべての事業者が、請求書のデータをお互いに送受信できれば、請求書の発送や請求データの仕訳入力、紙データのファイル化やタイムスタンプの付与など、多くの事務処理をなくすことができます。こうした環境は、これまでも同様のシステムを保有する者同志で、そのシステム間だけでデータをやり取りするＥＤＩ（イーディーアイ）という仕組みですでに取り入れられていました。

わん！ポイント　【EDIとは？】

エレクトリック　デート　インターチェンジ
Electronic Date Interchange の略。企業間取引に関する文書を、通信回線を通じてやり取りする仕組み。

EDI の仕組み

発注データ 送信　→　EDI　→　受信 発注データ

受信　受注データ　発注者　　受注データ　送信　受注者

しかし、EDIは同様のデータ形式でやり取りするための特定の端末や特定のシステムを導入しなければならなかったことから、ハードルが高く、これまで、特定の業界や特定の企業との取引の際にのみ利用されてきたのです。

デジタルインボイスは、こうしたEDIと同様の機能が手軽に利用できるように、各会計ソフト間で送受信できる**国内共通仕様（JP Pint）を取り決め、この仕様を実装することで、使用するソフトの種類を選ばず、請求書の送受信が可能となる仕組み**なのです。

デジタルインボイスの仕組み

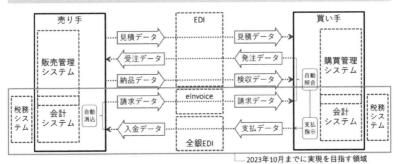

（出典：デジタルインボイス推進協議会 HP『デジタルインボイスとは』）

政府は、こうしたシステムが一般的に取り入れられることにより、社会全体の業務効率化が図られるようになる**デジタル・トランスフォーメーション（DX）**を目指しています。

> デジタルインボイスの仕様として選ばれた **Peppol（ペポル）**は欧州各国やオーストラリア、ニュージーランド、シンガポールなど30か国以上で利用される国際的な仕様なんです。

> それって、海外にもデータで請求書が送れるということなんですか？

> ゆくゆくは、そういったことも考慮して採用されたようです。現時点では、日本の消費税におけるインボイス制度の要件に沿った請求書がデータで送受信できるための国内仕様であるJP Pint の作成をデジタル庁の主導のもと、行っているのです。

Peppol の仕組み　※Peppol（Pan European Public Procurement Online の略）

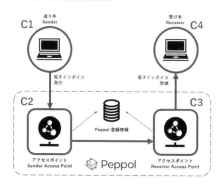

①ユーザー（売り手（C1））は、自らのアクセスポイント（C2）を通じ、Peppol ネットワークに接続。
②買い手のアクセスポイント（C3）にインボイスデータを送信
③買い手（C4）に届く

※売手のアクセスポイント（C2）と買手のアクセスポイント（C3）との間でやり取りされる日本におけるデジタルインボイスの標準仕様が「JP Pint」

（出典：デジタルインボイス推進協議会 HP「デジタルインボイスとは」）

Peppol を実装した会計ソフトは、2023（令和5）年10月の
インボイス制度開始に向けて、2023年には本格的に導入され
る予定なので、システム導入を考えるのであれば、デジタルイ
ンボイスの普及状況を見て検討するのもいいと思います。

そうですよね、一回導入しちゃった後から便利なものがついて
きたりって、昔からよくありますものね。

そういうことも考えられます。でも、昔と違って、クラウド
サービスでは、パソコンにインストールするのではなく、ソフ
トベンダーの持っているソフトをインターネットを通じて利用
しているという環境なので、契約時にない新しい機能が使えな
くなってしまうということがないんです。

なるほど、たしかにそうですよね。最近は Excel なんかもサブ
スク契約だからいつでも新機能が使えますよね。
では、デジタルインボイスの動向も押さえつつ、ソフトの導入
を検討しますね。

ここでのまとめ

☑ 経理作業はクラウド会計ソフトの登場で業務効率化がで
きる環境ができている。

☑ デジタルインボイスで、もっと便利な世の中を目指そ
う。

今って、ちょうどいろんなサービスが生まれてきて、これまでの紙を中心とした時代から切り替わっていくタイミングですよね。法律もそれに併せてどんどん変わっていきますね。

これからの時代は、労働者も少なくなるし、簡単なやり取りでも人の時間を割いていたら、いままでのようにはできなくなることが増えてくると思います。
だから、ある程度デジタルで解決する方法を考えていかないといけないですよね。

でも、昔に比べてそのハードルは下がっていることがわかったし、とにかく取り入れてみることが大事ですよね。
それに、データでやり取りすることで、将来的に請求書の入力作業がなくなる時代が来るかもしれないんですよね！

そうなんです。でも、いきなり変えてしまうと、かえって混乱してしまうから、できるところから少しずつこれまでのやり方を変えて、みなさんがついてこれるようにすることも重要ですよ。

そうですよね。会社のみんなとも一回話してみて、ムリなく効率化して、業務に専念できる環境になるように考えてみます！

索　引

小島 孝子（こじま　たかこ）

神奈川県生まれ、税理士。ミライコンサル株式会社代表取締役。

1999年早稲田大学社会科学部卒、2019年青山学院大学会計プロフェッション研究科修了。大学在学中から地元会計事務所に勤務した後、都内税理士法人、大手税理士受験対策校講師、一般経理職に従事したのち2010年に小島孝子税理士事務所を設立。

税務や経理業務に関する執筆やセミナー講師の傍ら、街歩き、旅好きが高じて日本全国さまざまな地域にクライアントを持つ、自称、「旅する税理士」。

【主要著書】

『3年後に必ず差が出る20代から知っておきたい経理の教科書』（翔泳社）

『税理士試験計算プラクティス 消費税法：出題パターン別解法の極意』（中央経済社）

『簿記試験合格者のためのはじめての経理実務』（税務経理協会）

『この1冊ですべてわかる経理業務の基本』（日本実業出版社）

『会話でスッキリ電帳法とインボイス制度のきほん』（税務研究会出版局）

など

ちいさな会社とフリーランスの人のための

どうする?消費税インボイス

2023年7月30日　初版発行

著　者　小島孝子

発行者　大坪克行

発行所　株式会社税務経理協会
　　　　〒161-0033東京都新宿区下落合1丁目1番3号
　　　　http://www.zeikei.co.jp
　　　　03-6304-0505

印　刷　美研プリンティング株式会社

製　本　牧製本印刷株式会社

デザイン　原宗男(カバー,イラスト)

編　集　野田ひとみ

本書についての
ご意見・ご感想はコチラ

http://www.zeikei.co.jp/contact/